파워 보이스

파워보이스

2021년 6월 25일 1판 1쇄 펴냄

지은이 이진선
글꾸밈 신경범
펴낸이 김성규
편 집 유지서
디자인 박영정
펴낸곳 걷는사람
주 소 서울 마포구 월드컵로16길 51 서교자이빌 304호
전 화 02 323 2602
팩 스 02 323 2603
등 록 2016년 11월 18일 제25100-2016-000083호

ISBN 979-11-91262-42-1 13320

브랜드를 만드는 목소리 코칭

파워보이스

이진선 지음

좋은 목소리는 기회의 문을 열어준다

한참 연극에만 빠져 살던 때가 있었다. 작품에 대한 연습 기간과 무대에 올라가기를 반복하다 보니 아르바이트를 해도 고정적인 일을 할 수가 없어서 공사현장의 막노동을 선택했다.

어느 화창한 가을, 대기업에서 건설하는 목동의 주상복합 공사현장에서 한 달 동안 일하게 되었다. 하루 일과 중에 가장 기다려지는 시간이 점심 먹을 때와 오후 참 때였다. 그날 참에도 빵 한 봉지와 우유 하나를 집어 들고 허리를 펴려는데 현장 소장이 시공 상황 및 점검을 위해 협력사 소장들과 우르르 몰려나왔다. 어느 조직이든 그곳의 최고 결정권자가 오면 긴장이 될 것이다. 나를 포함한 건설 노동자들은 얼른 한쪽으로 자리를 비켜서 차마 빵을 베어 물 수는 없어서 대화를 나누고 있었다. 한참을 둘러보며 도면 뭉치를 보고 의견을 나누던 소장과 무리는 점검을 끝내고 계단을 통해 다음 목적지인 위층으로 이동하기 시작했다. 그런데 갑자기 소장이 나에게 다가와 물었다.

"혹시 뭐 하는 분이세요?"

"네?"

5

시선이 나에게 모이는 것이 느껴졌다.

"다름이 아니라 지난번에도 두 번 정도 말씀하시는 것을 들었는데 목소리가 참 좋으세요. 만약에 다른 계획 없이 여기서 일하시는 거라면 우리 회사에 입사 지원을 한번 해보세요."

그러고는 옆에서 도면 뭉치를 들고 있는 직원에게 몇 번 고개짓을 하더니 위층으로 올라갔다. 같이 일하던 동료들은 대기업에 입사하는 거냐며 환호를 보냈고 그 순간 나는 멍하면서도 묘한 느낌이 들었다.

물론 나는 배우가 되고 싶었기에 한 달 후 극장으로 돌아갔다. 그때 나는 나도 모르게 내 목소리가 살아가면서 다양한 기회를 줄 수도 있겠구나 싶었다. 마치 큰 선물을 받은 것 같았다.

나의 브랜드 가치를 높이는 목소리의 힘

"코치님, 진짜 목소리가 바뀔 수 있나요?"

지금까지 목소리 때문에 나를 찾은 분들에게 가장 많이 들었던 질문이다. 그때마다 확신 있게 대답했다.

"네, 연습하면 목소리는 얼마든지 바뀔 수 있습니다."

목소리 안에 잠자고 있던 리더십, 전문가다움, 당당한 자신감은 훈련을 통해서 얼마든지 깨울 수 있다.

이렇게 확신을 가지고 대답할 수 있었던 까닭은 나도 목소리 때문에 단단히 고생한 경험이 있기 때문이다. 그리고 훈련을 통해 목소리가 변화했다.

1998년 봄, 편도 비행기표와 작은 손가방 하나만 가지고 타국으로 날아가 프랑스 외인부대에 지원했다. 무사히 각종 테스트를 통과하고 외인부대원으로 5년간 프랑스에서 복무했다. 어느 나라든 군대는 다 비슷한 것 같다. 입대하면 가장 먼저 군가를 외운다. 그때 열여덟 살이었던 나는 미성이었기에 웅장한 느낌의 톤이 낮은 외인부대 군가를 따라 부르기란 여간 어려운 일이 아니었다. 그 탓에 군화에 차이며 혼쭐이 난 적이 한두 번이 아니었다.

외인기갑 연대에 신병 배치를 받은 나는 일과가 끝나면 탱크가 들어가 있는 중대 차고에서 새로운 연대가를 외워야 했다. 최대한 낮은 소리로 반복해서 군가를 부르다 보니 어느 순간 나도 모르게 배에 힘이 들어가는 것을 느낄 수 있었다. 그렇게 군가에 재미를 붙이다 보니 천장이 높은 격납고에 울리는 나지막하고 웅장한 군가의 울림이 참 좋았다. 그러던 어느 날 연대 행사를 준비하기 위해 군가를 부르며 오와 열을 맞추어 행진하고 있는데, 각을 잡기 위해 다그치던 스위스 출신인 상관이 나에게 좋은 목소리(bon voix)라며 엄지를 치켜세웠다. 나에 대한 평가가 1년 만에 완전히 뒤바뀐 것이다.

이 경험은 5년 후에 제대하고 파리에서 연극공부를 할 때 발성 연습 때에도 큰 도움이 되었다. 영국 출신이었던 교수님은 특유의 악센트로 종종 "안정적으로 소리를 내려서 발성을 하는 것"이 중요하다고 표현을 하고는 했는데, 가끔 "예를 들면 진선처럼…"이라며 내가 내는 소리를 표본으로 삼아 설명을 덧붙이곤 했다. 덕분에 많은 녹음 작업에 참여할 기회를 얻을 수 있었다.

나를 표현하는 목소리 연출을 위한 책

상황이나 자리, 주제, 대상에 따라 목소리를 연출할 수 있다면 어떤 변화가 찾아올까?

내가 이 책을 쓰기로 마음먹은 가장 큰 이유 중에 하나가 목소리도 연출이 필요하다는 것을 알리고 싶어서다. 방송에서 정치인, 전문가, 교수, 기업인 등이 등장하는 프로그램을 보다 보면 종종 그들의 목소리가 아쉽다는 생각을 한다. 나만의 경험담, 치열했던 그 시대, 정보를 맛있게 연출해서 들려준다면 시청자들의 눈과 귀를 넘어 마음까지 사로잡을 텐데 말이다. 실제 유튜브에서 만나는 많은 전문가 채널의 댓글을 보면 어김없이 목소리에 대한 평가가 달리는 것을 볼 수 있다.

목소리는 그 사람의 이미지, 브랜드다. 누군가에게 편안하고 신뢰감을 줄 수 있는 목소리, 노래 부르듯이 자연스러운 목소리, 카리스마 넘치고 당당한 목소리 등은 나 자신을 드러내는데 큰 역할을 한다. 더불어 목소리 연출을 통해서 나 자신을 더욱 입체적으로 표현하고 상상력을 자극하며 목소리만 들어도 그림이 그려지게 말한다면 어느 순간 그것들이 모여서 자신에게 또 다른 기회의 문을 열어줄 것이라 확신한다.

여러분이 목소리 연출을 성공적으로 마치는 그날까지, 그 과정에서 이 책이 본연의 역할을 톡톡히 하기를 기대한다.

이진선

차 례

프롤로그 좋은 목소리는 기회의 문을 열어준다 • 5

목소리를 바꾸고 싶은가? 목소리 고민-코칭 사례 • 14

내 목소리 진단 • 32   발음 진단 • 34

◈ 파워 보이스를 위한 1주차 트레이닝·코칭 〰️

보이스 트레이닝 1 내 목소리의 색깔 찾기 • 36 코칭 1 목소리에도 색깔이 있다 • 41

보이스 트레이닝 2 목소리 관리 체크 • 44 코칭 2 습관이 목소리를 만든다 • 45

보이스 트레이닝 3 마리오네트 인형 호흡법 • 53 코칭 3 몸이 편안해야 목소리도 편안하다 • 57

보이스 트레이닝 4 공명 발성법 • 59 코칭 4 이상적인 목소리를 만들기 위한 호흡법 • 61

보이스 트레이닝 5 복식호흡으로 말하기 • 65 코칭 5 좋은 목소리의 끝판왕, 복식호흡 • 73

보이스 트레이닝 6 비강공명으로 소리 내기 • 79 코칭 6 깊고 울림 있는 목소리, 비강공명 • 81

보이스 트레이닝 7 목소리 성량 키우기 • 84 코칭 7 목소리의 볼륨을 키워라 • 89

| 1주차 목소리 트레이닝 완성 • 90

◈ 파워 보이스를 위한 2주차 트레이닝·코칭 〰️

보이스 트레이닝 8 정확한 발음 훈련 • 92 코칭 8 목소리의 전달력을 높여라 • 94

보이스 트레이닝 9 스타카토 발성법 • 100 코칭 9 강력하게 설득하라 • 104

보이스 트레이닝 10 크래시아 발음 훈련 • 106 코칭 10 마법 같은 주문으로 목소리를 깨워라 • 110

보이스 트레이닝 11 사이렌 발성법 • 111 코칭 11 지치지 않는 목소리를 갖기 위한 발성법 • 113

보이스 트레이닝 12 티슈 호흡법과 가가거겨 발음 훈련 · 118 코칭 12 맑은 목소리를 찾아라 · 126

보이스 트레이닝 13 모음, 자음 발음법 · 128 코칭 13 정확한 모음, 자음 발음 익히기 · 135

보이스 트레이닝 14 첫음절 잇 화법 · 138 코칭 14 호감 가는 첫인상을 만드는 방법 · 142

| 2주차 목소리 트레이닝 완성 · 145

◁▷ 파워 보이스를 위한 3주차 트레이닝·코칭 〰

보이스 트레이닝 15 감정 언어 연습 · 148 코칭 15 청중을 사로잡는 1퍼센트 목소리의 비밀 · 151

보이스 트레이닝 16 무대언어 연습 · 155 코칭 16 상상력을 자극하는 감각 언어 · 159

보이스 트레이닝 17 말의 속도 훈련 · 176 코칭 17 스피치 페이스로 전달력을 높여라 · 181

보이스 트레이닝 18 리듬감 있는 말하기 · 185 코칭 18 목소리에 생명력 불어넣기 · 189

보이스 트레이닝 19 강조하기 훈련 · 195 코칭 19 리딩하지 말고 스피치를 하자 · 198

보이스 트레이닝 20 방송, 프레젠테이션, 면접 실전 · 201 코칭 20 파워 보이스 호흡법 3가지 · 211

보이스 트레이닝 21 연설문, 시, 희곡 실전 · 217 코칭 21 준비된 목소리! 낭독의 힘! · 226

| 3주차 목소리 트레이닝 완성 · 227

에필로그 · 228

목소리를
바꾸고 싶은가?

본격적인 목소리 훈련에 앞서 내 목소의 어떤 점이 불만족스러운지 생각
해보자. 목소리에 대한 다양한 고민들을 읽어보고 다음의 누구와 가장 비
슷한지 짚어보자. 그에 따른 간략한 코치를 안내도로 삼자.

*

광고회사에서 본부장으로 일하다 보면 많은 사람을 만납니다. 다양한 분야의 사람들과 여러 가지 프로젝트를 기획하고 진행하다 보니 전반적인 사회의 흐름을 알게 되었습니다. 그래서 가끔 공공기관 행사나 기업 특강 등 여러 곳에서 강의 요청이 들어옵니다. 이번에도 제가 광고를 담당했던 기업의 신입사원 연수 과정에서 〈트렌드 2020〉이라는 주제로 이틀 동안 특강을 하게 되었습니다. 첫날, 강의를 끝내고 평소 업무 관계로 안면이 있던 인사팀 팀장과 식사를 했습니다. 그 자리에서 신입사원들의 강의 반응을 묻자 조금 지루해하는 것 같다는 말을 조심스레 건네는데, 순간 뜨끔했습니다. 저는 굉장히 재미있고 모두가 관심을 가질 만한 주제라고 생각했는데, 강의를 듣는 사람들은 그렇지 않았나 봅니다.

가만히 생각해보니 지금까지 특강에 여러 번 초대를 받았지만, 단 한 번도 앙코르 요청이 없었습니다. TV에서 누구나 다 알고 있는 역사적인 사건을 재미있게 말하는 강사를 보면서 나도 저 정도는 할 수 있다고 생각했는데 그리 쉽지 않다는 것을 깨달았습니다.

벌써, 내일 있을 둘째 날 특강이 걱정됩니다.

- 김○현 (C기획 본부장)

코칭

재미있게 특강을 진행하고 싶은데 막상 청중은 지루해하는 반응이라 앞으로의 강의가 걱정이겠군요! 특강의 주제는 보통 기업에서 원하는 방향이 있기 때문에 주제를 바꿀 수는 없지만 어떻게 표현하고 말하는가에 따라 청중은 스피커에 집중하며 재미있게 진행할 수 있습니다. 흥미로운 주제라도 계속해서 같은 톤이거나 잘 전달이 되지 않는 목소리, 정보만을 전달하는 시간이라면 누구라도 지루해하기 마련입니다.

목소리에 다채로운 색깔을 입혀보면 어떨까요?

저와 함께 입사했던 동료들은 대부분 퇴사했고, 남은 동기 몇 명은 모두 본사 및 지점의 관리자로 발령을 받았습니다. 하지만 저만 아직 승진하지 못해서 하루하루가 불안하고 눈치가 보입니다. 그동안 커리어나 성과관리도 나름대로 잘해왔다고 생각했는데 승진을 하지 못하니 더욱 마음이 무겁습니다.

지난 주 만난 동기 말로는 지점장은 관리와 리더십이 있어야 한다는데, 저는 리더십 부분이 많이 부족하다고 생각합니다. 평소 목소리는 차분하고 친절하지만, 작다는 말을 자주 듣습니다. 앞으로 승진하면 지점장이 될 텐데요. 상사로서 친절하면서도 전달이 잘되는 풍성한 목소리를 만들어보고 싶은데 어떻게 하면 좋을까요?

- 이○진(H생명 보험설계사)

코칭

관리자로서 리더십이 느껴지며 카리스마 있는 목소리를 가지고 싶으신가요? 관리자는 구성원들에게 방향을 제시하고 이끌어가기 위해서 힘이 있고 정보를 정확하고 명확하게 전달할 수 있는 목소리를 가지는 것이 매우 중요합니다. 작은 목소리지만 공간을 가득 채울 수 있도록 목소리 근육을 키워보시기 바랍니다.

이 책에 자세히 안내되어 있습니다.

오랫동안 임원 생활과 기업 자문을 해오다 보니, 자연스럽게 기업 연수 · 공무원 연수 등의 강연 요청이 많습니다. 처음에는 열정과 의욕을 가지고 시작했는데 이제는 매일 강연을 하는 것이 힘듭니다. 특히 강연이 끝나면 목이 너무 아프고, 3시간 이상 말할 수가 없습니다. 이제는 하루 강연을 하면 이틀은 쉬어야 그나마 목소리가 돌아옵니다. 더 나이 들기 전에 더 많은 강연을 하고 싶은데, 목소리 때문에 그럴 수 없을 것 같아서 답답한 마음뿐입니다. 마이크를 사용해도 전달력이 아쉽다는 강의 평가서를 볼 때마다 어떻게 해야 할지 고민됩니다. 좋은 방법이 없을까요?

- 유○국(기업 강사)

코칭

한 분야의 전문가로서 오랫동안 몸으로 직접 경험하고 쌓아온 지식을 많은 기업에서 공유를 한다는 것은 자신뿐만 아니라 기업에도 매우 중요한 일일 것입니다. 하지만 목소리 때문에 기회를 놓친다면 그것만큼 안타까운 일이 없습니다. 방송의 여러 채널에서도 각종 현안을 놓고 전문가 패널들을 모셔서 토론을 하는 일이 많은데 그때 전문가를 섭외하는 가장 큰 기준이 방송에서 말을 할 수 있는가, 시청자들에게 정보 전달이 잘 되는가입니다. 가장 중요한 복식호흡을 통해 지치지 않는 목소리로 바꿔보기 바랍니다.

" **"**

*

인테리어를 시공하고, 디자인을 하는 일을 하다 보니 정말 하나부터 열까지 고객과 각 관련 분야 담당자들과 소통을 자주 합니다. 그런데 상대방이 종종 제가 하는 말을 잘 알아듣지 못하고, 되묻곤 합니다.

평소 업무의 특성상 주변 소음이 있는 곳에서 대화하는 경우가 많아서, 상대방이 확실하게 내용을 확인하기 위해 되묻는다고 생각했습니다. 그런데 며칠 전 자주 거래하는 거래처 담당자가 "○○○ 씨는 목소리는 좋은데 너무 울려서 가끔 잘 안 들려요."라고 하는 겁니다! 그 충고가 마음속에 계속 남았습니다. 고객을 만났을 때 가장 중요하게 생각하는 것이 첫인상인데, 저를 만나는 많은 분이 그렇게 느끼면 어떡하지? 하는 고민이 생겼습니다.

인테리어는 매우 전문적인 분야고, 사람들과 소통하는 것이 매우 중요한데요. 이럴 때 어떻게 하면 좋을까요? 작은 목소리라도 상대방의 귀에 쏙쏙 들릴 수 있는 방법이 없을까요?

- 윤○호(Z디자인 대표)

코칭

목소리의 전달력 때문에 고민이시군요! 목소리는 좋은데 울려서 잘 안 들린다는 말씀에서 짐작해보자면 평소 운동 부족으로 과체중이 아닐까 예상해봅니다. 우리가 말할 때는 단순히 성대의 떨림뿐만이 아니라 몸의 많은 부분에서 작용하는 요소가 모여 최종적으로 다른 사람이 듣는 나의 목소리가 만들어집니다.

과체중일 경우 목소리가 몸을 울리면 만들어져 나오는 소리가 큰 듯하지만 둔탁해져서 잘 전달이 되지 못합니다. 이런 경우에는 꾸준한 운동과 식생활 습관을 바꿔서 체중을 줄이는 동시에 복식호흡, 스타카토-다트 판에 목소리 보내기, 가갸거겨 발음 연습으로 보이스 트레이닝을 해보시기 바랍니다.

*

대기업에서 7년 가까이 근무하다가 이직을 준비하고 있습니다. 인사고과도 매우 좋고 업무 추진력이나 대인관계도 우수하다고 평가를 받아서 원하는 회사로 이직하는데 큰 걱정이 없습니다. 그런데 한 가지, 면접이 걸립니다. 평소 사람들 앞에 서면 말을 잘 못하고, 서 있기조차 힘듭니다.

지금 다니는 회사에서도 가끔 프레젠테이션을 진행하는 전날부터 심장이 뛰고 속이 매슥거려서 잠을 설칩니다. 막상 발표하려고 사람들 앞에 서면 그들의 눈을 바라보지 못하고, 프레젠테이션 화면만 보고 진행하기 일쑤였습니다. 이번에 이직하는 회사의 면접뿐만 아니라 제 자신을 위해서라도 간절히 변화하고 싶습니다. 2~3년 뒤면 팀장으로 승진할 텐데, 저도 사람들 앞에서 여유 있고 당당한 모습으로 회의나 프레젠테이션을 멋지게 진행해보고 싶습니다. 꼭 도와주세요!

- 김○영(○○그룹 마케터)

코칭

사람들 앞에만 서면 떨려서 실력 발휘를 못 하는 게 속상하시겠어요. 사실 많은 사람 앞에 서면 누구나 떨립니다. 저도 마찬가지로 연기를 하기 위해 카메라 앞에 서면 아직도 떨립니다. 하지만 그 떨림까지도 충분히 즐기고 또 "아, 내가 지금 떨리는구나"라고 알아차리는 것이 중요합니다. 그리고 중요한 것이 호흡 관리입니다. 떨리거나 불안한 상태에서는 몸이 경직되어 숨이 깊게 내려갈 수 없기에 어깨에 걸쳐진 깔딱 호흡으로만 말하게 됩니다. 그러면 점차 숨이 차고 말이 빨라지며 심하면 현기증까지 납니다. 평소에 숨을 깊게 들이마시는 연습을 해보세요. 어느 자리에서든 누구 앞에서라도 가장 먼저 숨을 깊이 3회만 들이마셔도 떨림은 없어지고 한층 여유가 생길 것입니다. 성공하는 프레젠테이션은 깊게 들이마신 좋은 호흡에서 출발합니다. 이 책에서 제안하는 복식호흡, 티슈 훈련, 성량 높이기, 낭독훈련 등으로 호흡 관리를 해보세요.

담임목사로 부임해 목회활동을 한 지 10년이 다 되어갑니다. 지역 사회에서 꽤 사랑받는 교회로 성장해가고 있는 이때 걱정이 생겼습니다. 요즘 성대 쪽에 통증이 심해요. 그 탓에 주일 첫 예배만 간신히 제가 드리고 나머지 뒤 순서는 제가 아닌 다른 분들이 대신 드리고 있습니다. 가벼운 성대 결절부터 시작되어 성대마비…. 현재 통증은 더해져서 제 의지대로 목소리가 나오지를 않아요. 지인들은 수술을 권하는데, 제가 여러모로 검색해보고 알아보니 그것도 위험 확률이 크더라고요. 수술 후 완치할 확률이 100퍼센트도 아니고, 경우에 따라 후유증이 있을 수 있다고 하니 의학 기술에 기대기도 두렵습니다. 이런 저에게 적합한 목소리 트레이닝 방법이 있을까요?

- 김○동(○○교회 목사)

코칭

직업의 특성상 끊임없이 설교를 해야 하는데 목에 통증이 있다니 많이 불편하시겠어요. 성대 결절이나 성대가 마비되는 듯한 증상은 결국 과도하게 목소리를 사용하면서 성대에 작은 혹들이 생기거나 붉은색을 띠며 부어올라(미세혈관 확장) 성대의 진동을 방해하기 때문입니다. 이럴 경우 조금만 큰 소리를 내도 소리가 막히는 느낌, 갈라지거나 분열되는 느낌으로 소리가 제대로 나오지 못하며, 명확한 소리를 내기 위해 점점 목에 힘을 주다 보면 지금처럼 반복적인 음성장애와 통증이 유발됩니다. 지금 가장 중요한 것은 목에도 쉬는 시간을 주는 것입니다. 시간을 정해놓고서 20분씩 침묵의 시간을! 예배를 드린 후 일정 시간은 교인 상담이나 다른 음성적 활동을 자제하시는 것이 매우 중요합니다. 목소리를 사용하는 방법이나 패턴이 변하지 않으면 수술을 해도 금방 지금의 상태로 돌아오게 됩니다. 그리고 성대는 얇은 유리잔처럼 매우 위험한 상태가 될 수 있습니다. 이 책에서 비강공명, 한 다리 들고 낭독, 목소리 관리 방법을 찾아서 읽고 숙지하면 도움이 될 것입니다.

교환학생으로 왔다가 한국의 매력에 푹 빠졌습니다. 졸업 후에 다시 한국으로 돌아와 이곳에서 직장 생활을 하고 있습니다. 그러다가 우연히 방송 출연을 했고, 그것이 기회가 되어 유튜버로 활동하고 있습니다. 그런데 영상들을 모니터링 하다 보면 다른 패널들에 비해 제 목소리가 작다고 느껴집니다. 모두 같은 마이크를 착용하니 볼륨 문제가 아닌 성량의 차이라는 생각이 듭니다. 방송 활동은 여러모로 저에게 기회이자 도움이 됩니다. 어떻게 하면 존재감 있는 방송을 할 수 있을까요? 방법을 알려주세요. 열심히 배우겠습니다.

- 조던(방송인)

자기 홍보 시대에 좋은 목소리로 존재감 있게 활동하고 싶을 텐데 속상하시겠어요. 공명이 있고 성량이 좋은 목소리로 말하는 사람은 어디에서든 존재감이 있습니다. 메라비언의 법칙에서 알 수 있듯 누군가를 처음 만났을 때 첫인상으로 목소리가 매우 중요합니다. 특히 여러 사람이 모인 장소에서 대화를 나누거나 정보를 전달하는 일을 한다면 목소리가 갖는 힘을 잘 알고 있을 것입니다. 단순히 볼륨만 높이는 목소리가 아닌 풍성한 성량^{聲量}을 갖기 위해서는 목소리에도 운동이 필요합니다.

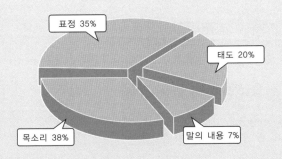

표정 35%
태도 20%
목소리 38%
말의 내용 7%

메라비언의 법칙

이 그림을 통해 목소리가 사람과의 관계에서 많은 역할을 한다는 것을 알 수 있습니다. 물론 말의 내용은 7퍼센트로 다른 요소들에 비해 중요도가 떨어진다는 것은 아닙니다.

66 99

*

저는 식당을 운영하고 있습니다. 정직하게 음식을 만들다 보니 지역에서 꽤 유명해졌고, 방송에 소개되었어요. 타 지역에서도 손님이 찾아오고, 예약제로 운영할 정도로 제법 인기 있는 식당으로 성장했습니다. 그러던 어느 날, 찾아준 고객들이 어떤 평가를 했는지 궁금해서 SNS를 살펴봤어요. 악플들이 달려 있더군요. 저는 그 글들을 읽으면서 부들부들 떨었습니다. 처음에는 경황이 없었고, 손님들에게 서운하기 이루 말할 수 없었어요. 그러다가 시간이 지나 악플들을 곱씹어 보았지요. "무뚝뚝하다" "불친절하다" 등 음식에 대한 평가보다 손님을 응대하는 제 자세에 대한 지적이 대다수였어요. 가만히 생각해보니 지인들도 저에게 "안 좋은 일이 있냐?" "매일 불만 있는 얼굴이다" 등 농담처럼 이런 말들을 던지곤 했습니다. 사업체의 규모가 커지니 이제 사람들의 평가가 두렵습니다. 하지만 기회를 놓치고 싶지 않은 마음이 더 커서 얼른 목소리 트레이닝을 받고 싶습니다.

- 김O주(자영업자)

자부심으로 정성껏 음식을 준비하셨을 텐데 속상하시겠어요.

예전에 외국 항공사 승무원들의 한국인 구별법이 소개되어 재미

있게 읽은 적이 있습니다. 3가지 방법이 있었는데 그중 하나가 한

국 사람들은 대부분 무표정으로 처음에는 화가 났나? 라고 생각

을 했다는 것입니다. 이렇게 우리는 누군가에게 뜻하지 않게 부

정적인 사람으로 평가 되고 있을 수 있습니다. 특히 서비스업에

종사하고 있다면 사람들에게 더욱 오해를 받기 쉬울 것입니다.

그래서 우리는 의도적으로 목소리와 표정을 관리할 필요가 있습

니다.

거울을 보시나요? 나는 어떤 표정을 하고 있나요. 얼굴은 나의 브

랜드입니다. 이 책에서 제안한 복식호흡, 동그라미 말하기, 첫음

절의 마법 "잇"에 대한 부분을 참고하세요.

CHECK
내 목소리 진단

◀·◈ 이 책을 읽기 전에 자신의 목소리를 먼저 진단해보자.

	평가 항목	전혀 그렇지 않다	그렇지 않다.	보통 이다	그렇다	매우 그렇 다
1	대화할 때 입 모양의 변화가 다양하다.	1	2	3	4	5
2	정확한 발음으로 전달력이 좋다.	1	2	3	4	5
3	전체적으로 목소리에 힘이 있다.	1	2	3	4	5
4	첫음절에 강한 악센트를 준다.	1	2	3	4	5
5	문장을 읽을 때 중요한 단어에 악센트를 줄 수 있다.	1	2	3	4	5
6	문장을 읽을 때 문장 끝까지 힘이 들어간다. (문장의 끝이 흐려지지 않는다.)	1	2	3	4	5
7	평소 다양한 음정을 사용해 대화한다.	1	2	3	4	5
8	평소 다양한 감정을 이용해 대화한다.	1	2	3	4	5
9	평소 자신에게 맞는 톤으로 대화한다.	1	2	3	4	5
10	특수한 장소(조용한 도서관. 시끄러운 경기장 등) 에서 자유자재로 대화가 가능하다.	1	2	3	4	5
11	복식호흡을 사용할 수 있다.	1	2	3	4	5
12	목소리에 울림이 있다.	1	2	3	4	5
13	대화 중간 숨을 쉴 때, 숨이 배 아래까지 깊이 내려간다.	1	2	3	4	5
14	안정적인 속도로 강의나 발표가 가능하다.	1	2	3	4	5
15	강의나 발표 시 자신감이 있다.	1	2	3	4	5
16	강의나 발표 시 쉽게 얼굴이 붉어진다.	5	4	3	2	1
17	강의나 발표 시 쉽게 숨이 찬다.	5	4	3	2	1
18	강의나 발표 시 쉽게 목이 아프다.	5	4	3	2	1
19	강의나 발표 시 어깨와 목에 힘이 들어간다.	5	4	3	2	1
20	대화할 때 나만이 갖고 있는 버릇이 있다.	5	4	3	2	1

80점 이상을 받지 못했다면, 3주 동안 이 책에 수록된 대로 목소리 훈련을 한 후 다시 체크해보자.

CHECK

발음 진단

◁‧◁◈ 평소에 제대로 발음을 하고 있는지 한번 알아보자.

아래의 문장들을 평소 말하듯이 읽어보고, 정확하게 발음을 하고 있는지 체크해보자. 만약에 잘못 발음하고 있다면 녹음을 해서 자신의 발음을 들어보고, 정확한 발음을 할 수 있도록 연습한다.

	문제	체크	
1	<u>새벽녘에 닭이</u> 힘차게 운다.	ⓐ 새벽녀케 달기	ⓑ 새벽녀케 다기
2	<u>꽃이 곱게</u> 피었다.	ⓐ 꼬치 고옵게	ⓑ 꼬시 곱께
3	<u>값이</u> 매우 비싸다.	ⓐ 갑씨	ⓑ 가비
4	어머니는 <u>부엌에서</u> 일을 하신다.	ⓐ 부어케서	ⓑ 부어게서
5	<u>무릎을 꿇고</u> 앉아 있다.	ⓐ 무르블 꿀고	ⓑ 무르플 꿀코
6	아기가 엄마의 <u>젖을</u> 먹는다.	ⓐ 저슬	ⓑ 저즐
7	농부는 <u>밭을</u> 갈고 씨를 뿌린다.	ⓐ 바틀	ⓑ 바슬, 바츨
8	하루 <u>품삯으로</u> 3만 원을 받았다.	ⓐ 품사그로	ⓑ 품싹쓰로
9	우리는 <u>흙에서</u> 뒹굴며 놀았다.	ⓐ 흐게서	ⓑ 흘게서
10	쌀에 <u>돌이 섞여</u> 있다.	ⓐ 돌:이서껴	ⓑ 도리서껴
11	사람은 누구나 <u>늙도록 건강</u>하게 살아야 한다.	ⓐ 늘또록 건강	ⓑ 늘또록 건:강
12	<u>둘에 여덟을</u> 더하면 열이다.	ⓐ 둘:에 여덜블	ⓑ 두레 여더를
13	물이 맑고 날씨도 <u>맑습니다</u>.	ⓐ 막꼬, 말씀니다	ⓑ 말꼬, 막씀니다
14	시를 <u>읊고</u> 노래를 불렀다.	ⓐ 을꼬	ⓑ 읍꼬
15	새싹을 <u>밟는 사람</u>이 어디 있나.	ⓐ 밤:는 사아람	ⓑ 발:는 사람
16	연줄이 나무에 걸려 <u>끊기다</u>.	ⓐ 끈기다	ⓑ 끈키다
17	벼이삭을 <u>훑다</u>.	ⓐ 훌따	ⓑ 훈따
18	<u>값있는</u> 물건	ⓐ 갑씬는 ‧	ⓑ 가빈는
19	얼굴이 <u>넓적하다</u>.	ⓐ 넙쩌카다	ⓑ 널쩌카다
20	운동장이 <u>넓다</u>.	ⓐ 널따	ⓑ 넙따

백문식, 《우리말 표준 발음 연습》, 17~18쪽 참조.

체크

1) ⓐ 2) ⓐ 3) ⓐ 4) ⓐ 5) ⓑ 6) ⓑ 7) ⓐ 8) ⓑ 9) ⓑ 10) ⓐ
11) ⓑ 12) ⓐ 13) ⓐ 14) ⓐ 15) ⓐ 16) ⓑ 17) ⓐ 18) ⓑ 19) ⓑ 20) ⓐ

34

CHECK

WEEK ONE

파워 보이스를 위한
1주차 트레이닝·코칭

보이스 트레이닝 1
내 목소리의 색깔 찾기

◁ᴗᴗ 내 목소리를 녹음해보자

다음 예문을 소리 내어 읽고 휴대전화로 녹음한 후 들어본다.

目 목소리 녹음 예문

이제 일상이 되어버린 혼밥. 현대인에게 익숙해졌습니다. 그러므로 예전처럼 혼밥은 쓸쓸하지만은 않습니다. 지금은 혼밥을 할 수 있는 자리가 마련된 식당이 많아졌지요.

이런 시대에도 한 통계청에서 한 여론조사에 의하면, 직장인이 가장 선호하는 점심 메뉴가 가정식 백반 즉, 집밥이라고 합니다. 쓸쓸하지 않은 혼밥의 시대에 직장인이 선호하는 게 가족과 함께 먹는 집밥이라니 왠지 뭉클합니다. 혼밥과 개인에 익숙한 사람들이 함께하는 식사를 그리워하는 것 같아서지요.

참으로 그리운 집밥. 함께 먹을 밥과 반찬이 차려진 한 상.

여러분도 함께 먹는 밥을 떠올리며 혼밥을 하고 있지는 않은지요.

◁〰️ 다른 사람이 생각하는 나의 목소리 장단점 각각 3가지 이상을 적어라.

가족이나 가까운 친구에게 나의 목소리 장단점을 물어본 후, 내가 생각하는 나의 목소리는 어떤지 적어본다.

✏️ 내 목소리 장점

✏️ 내 목소리 단점

✏️ 내가 생각하는 내 목소리

◁◍ 당신의 목소리는 무슨 색깔입니까?

현재 나의 목소리를 색깔에 비유하여 무슨 색인지 적고, 앞으로
변화하고 싶은 목소리는 무슨 색인지 그 이유를 적어본다.

🗐 예문

현재 당신의 목소리는 무슨 색입니까?

지금의 제 목소리는 빨간색 같습니다. 왜냐하면 평소에는 괜찮다가도
조금만 흥분하거나 대처하기 버거운 상황에 닥치면 말이 빨라지면서
얼굴에 열이 오르는 것을 자주 느끼기 때문입니다.

앞으로 무슨 색의 목소리를 가지고 싶습니까? 그 이유는 무엇입니까?

깊은 바닷속 색인 마린블루 같은 목소리를 가지고 싶습니다. 제가
만나는 고객이나 동료들에게 늘 신뢰감을 주고 싶고, 바닷속에서 들
리는 깊고 울림이 있는 기분 좋은 푸른 목소리를 들려주고 싶어서입
니다.

결론

빨간색 목소리에서 깊은 바닷속 마린블루 같은 신뢰감 있는 목소리를
가지고 싶다.

◁≋ 원하는 목소리 찾기

현재 나의 목소리를 색깔에 비유하여 무슨 색인지 적고, 앞으로

변화하고 싶은 목소리는 무슨 색인지 그 이유를 적어본다.

✎ 현재 당신의 목소리는 무슨 색입니까?

✎ 앞으로 무슨 색의 목소리를 가지고 싶습니까? 그 이유는 무엇입니까?

✎ 결론

색의 속성에 따라 색이 가지고 있는 의미가 다르다.

색깔	긍정적 속성	부정적 속성
① 빨강	따뜻함, 에너지, 흥분, 체력, 정력, 열정, 용기, 반항, 생존	분노, 짜증, 피로, 격렬한 논쟁, 공격적, 대결적, 반항
② 노랑	행복, 긍정적, 낙천적, 자신감, 자존감	짜증, 불안, 조바심, 우울감
③ 파랑	사고의 논리성, 명료성, 평온함, 고요한 정신, 사색	차가움, 무심함, 냉담함
④ 초록	안정감, 조화, 균형, 생명, 시작	정체감, 지루함, 부패
⑤ 회색	안전함, 편안함을 의미하나, 회색은 긍정적 속성을 가지고 있지 않다.	피곤함, 따분함, 고갈됨
⑥ 하양	완벽, 평화, 고요, 단순, 명쾌한 느낌	차가움, 무미건조, 고독감, 거리감
⑦ 검정	우아함, 세련된 아름다움, 무게, 권위, 신비로움, 보호장벽	무서움, 위협적, 차가움, 불친절, 무거움, 압박감
⑧ 보라	고차원적 우주, 영적 각성, 사색, 심사숙고, 진리탐구	내향적, 저속함, 현실감각 상실
⑨ 갈색	안전, 협력적, 편안, 따뜻함	지루함, 따분함, 비타협적, 무거운 분위기
⑩ 주황	에너지, 재미, 사회적 상호작용, 다정한 대화, 풍요로움	유치함, 경솔함, 촌스러움

목소리에도 색깔이 있다

목소리 훈련을 시작하기 전, 가장 먼저 해야 할 일은 나의 목소리를 제대로 아는 것이다. 목소리는 감정과 마음을 담고 있기 때문에 그 상태를 아는 것이 무엇보다 중요하다.

우리가 색깔로 감정이나 기분을 표현할 수 있듯이 목소리도 자연스럽게 말하면서 그 감정이 드러난다고 할 수 있다. 그렇다면 색깔이 가지고 있는 이미지를 통해 내 목소리와 어울리는 색이 무엇인지 살펴보자.

먼저 정열의 색이라 일컫는 빨강은 체력, 흥분 등 육체적 에너지로 표현되는 긍정적 속성을 지니고 있다. 그러나 색의 톤을 잘못 사용하거나 과하면 공격적, 반항적으로 보이기도 한다. 하늘과 바다의 색이라 할 수 있는 파랑은 평온하고 고요한 정신과 사색을 연상시키지만 과용될 경우 차갑거나 냉정하다는 느낌을 받을 수 있다. 마지막으로 따뜻한 봄날을 생각하면 떠오르는 노랑은 행복하고 긍정적인 느낌을 가지고 있지만, 한편으로는 우리의 감정을 자극한다. 그래서 노랑을 지나치게 많이 사용하면 짜증, 초조, 불안, 우울감을 느낄 수 있다.

그렇다면 나의 목소리는 어떤 색일까? 다음의 3가지 방법을 통해 진짜 내 목소리를 찾아보자.

첫째, 나의 목소리를 들어보자.
둘째, 다른 사람들을 통해서 나의 목소리가 어떻게 들리는지 물어
　　　보자.
셋째, 나의 목소리를 색깔에 비유해보자.

우리는 타고났다고 생각하는 목소리에 대해서 크게 부정하지 않고 받아들인다. 그러나 내가 듣는 나의 목소리는 몸을 울려 증폭되는 소리이지 타인이 듣는 나의 진짜 목소리가 아니다. 스마트폰을 켜고 나의 목소리를 녹음해 들어보면 오히려 어색하게 느껴진다. 하지만 그 목소리가 바로 남들이 듣는 진짜 목소리다.

특히, 목소리는 나뿐만 아니라 그것을 듣는 사람들에게 어떻게 전달되는지가 무엇보다 중요하다. 나의 목소리가 상대방에게 어떻게 들리는지, 내 목소리에 대해 어떻게 생각하는지 의견을 듣는 것이 진짜 목소리를 찾는 데 도움이 된다.

목소리의 색은 어떻게 찾을까? 사람은 저마다 톤과 말투 등이 어우러진 고유의 목소리를 가지고 있다. 그래서 목소리는 종종 하나의 이미지로 표현된다. 이를 기준으로 연상되는 색이 나의 목소리 색이

다. 상대에게 호감과 신뢰를 주는 자신만의 목소리를 갖기 위해서는 먼저 목소리 이상형이 필요하다.

예를 들어, 말이 빠르고 톤이 높은 열정적인 빨강이 연상되는 목소리를 가진 사람이 편안하고 평온한 목소리로 변화하고 싶다면 파랑이라는 이상형을 만들고 그것에 대해 수시로 인식하는 것이다.

보이스 트레이닝 2
목소리 관리 체크

	평가 항목	매우 아니다	아니다	보통 이다	그렇다	매우 그렇다
1	하루에 5회 이상 물을 마신다.	1	2	3	4	5
2	매일 30분 이상 운동을 한다.	1	2	3	4	5
3	주로 근무하는 곳의 환경 혹은 냉난방 바람으로 건조한 편이다.	1	2	3	4	5
4	중요한 회의, 미팅이 있는 전날은 시끄러운 장소를 피한다.	1	2	3	4	5
5	항상 바른 자세를 유지해 허리를 곧게 펴고 말한다.	1	2	3	4	5
6	커피, 탄산음료를 자주 마신다.	5	4	3	2	1
7	소리를 자주 지르거나 목소리 톤이 높은 편이다.	5	4	3	2	1
8	습관처럼 목을 자주 가다듬는다.	5	4	3	2	1
9	야식을 자주 먹는다.	5	4	3	2	1
10	술을 자주 마신다 (주 3회 이상).	5	4	3	2	1

〈목소리 관리 점수〉

40점 이상: 목소리 관리 매우 잘함, 39~30점: 목소리 관리 보통,
20~29점: 목소리 관리 필요, 20점 이하: 전문가의 상담 필요

* 50점 만점을 기준으로 하였으며, 20점 이하일 경우에는 전문가와 상담을 통한 목 관리가 필요하다.

습관이 목소리를 만든다

우리는 자신도 모르는 사이에 나쁜 목소리를 만들고 있다. 잘못된 습관 때문이다. 성대는 우리가 알고 있는 것보다 예민하고 쉽게 지친다. 이를 체감하는 간단한 방법이 있다. 두 팔을 앞으로 쭉 펴고 손을 모은 후에 손바닥을 비벼보자. 계속해서 더 빨리, 손바닥을 비벼보자.

어떤가? 대부분 손바닥이 뜨겁다고 느낄 것이다. 그렇다. 우리의 성대, 즉 마찰로 소리를 내는 성문은 지금 당신의 손바닥보다 더 뜨겁다.

평균적으로 남성은 초당 120~150번, 여성은 200~300번, 어린아이는 300~450번 성대의 떨림을 통해서 목소리가 나온다. 따라서 성대의 떨림은 작은 요인으로도 큰 자극과 영향을 받는다. 적은 자극에도 반응하는 우리의 성대는 관리가 필요하다. 따라서 목소리를 유지하기 위한 올바른 습관을 꾸준히 실천해야 한다.

흔히 생각하는 목소리에 관한 편견이 있다. 목소리 연습은 아나운서, 쇼핑호스트, MC와 같은 특정 전문직만이 하는 훈련이라고 생각하는 것이다. 일상생활을 하는 데 목소리 훈련이 필요하다고 생각하는 사람이 있을까? 목소리에도 훈련이 필요하다는 발상은 해본 적도 없을뿐더러 그런 말을 들었다면 무시했을 것이다. 이것은 목소리에 대한 잘못된 오해들이다.

왜 목소리 연습이 필요할까? 어릴 적부터 막힘없이 말을 잘한다. 칭찬받으며, 커갈수록 말할 기회가 많아져서 매일매일 자연스레 목소리를 단련해온 사람이라면 목소리 훈련을 따로 할 필요가 없을 것이다. 그러한 사람의 목소리에는 자신감이 담겨 있다.

그러나 대부분의 사람에게는 많은 말을 할 기회가 주어지지 않는다. 사회생활을 하면서 자신의 목소리를 밖으로 표현할 기회가 많이 없는 현대인들에게 목소리 훈련은 반드시 필요하다. 그러기 위해서는 우리의 목소리가 어떤 환경에서 사용되고 있고, 목소리에 좋은 습관과 나쁜 습관이 무엇인지 살펴보는 등 내 목소리의 상태를 체크하자.

◁꙼꙼ 목소리에 좋은 습관

❶ 충분한 휴식

건강한 신체에서 자기 경청이 나온다. 또한 준비된 목소리에서 좋은 성과가 나올 수 있다는 것을 명심해야 한다. 고객과의 만남, 미팅, 회의 전에 따뜻한 물을 마시며 잠깐이라도 목을 쉬게 하자.

❷ 시끄러운 장소 피하기

때때로 우리는 스스로 인식하지 못한 채 우리의 목을 혹사시키고 있다. 시끌시끌한 음식점, 라이브 바 등 대화가 좀처럼 힘든 곳에서는 자기도 모르게 주위 소음의 데시벨에 맞춰 목소리를 높이곤 한다. 흥겨운 분위기에 목소리가 높아지는 것은 당연한 일이다. 목소리가 높아지면, 흥겹고 즐겁다는 느낌을 주기 때문에 더욱 신나게 대화를 나눈다. 하지만 다음 날에는 목이 힘들어하고 있다는 것을 분명히 느낀다. 중요한 일정 전날에 시끄러운 장소는 피하자.

❸ 물 마시기

물 마시는 것은 아무리 강조해도 지나치지 않을 만큼 발성기관에 매우 중요한 역할을 한다. 하지만 물이 성대에 작용하는 시간은 길어야 5분 정도로 매우 짧다. 우리가 마신 물이 성대에 확실한 영향을 주려면, 물이 체내에 흡수가 되어 성대로 올라올 수 있도록 충분한 양을 마셔야 한다. 그러므로 물은 자주 마셔주는 것이 좋다. 성인의 일일 물 섭취 권장량은 1.5~2리터다. 미팅, 강연, 프레젠테이션 등 주요한 일정이 있는 날에는 물 한 잔으로 아침을 시작해보자.

❹ 목을 따뜻하게 보호하기

하루 종일 무리하게 목을 사용했다면 따뜻한 물수건으로 목을 감싸자. 긴장된 목의 근육을 풀어주고 쉴 수 있도록 한다. 목이 자주 쉬고, 쉽게 무리가 간다면 목을 따뜻하게 보호해주어야 한다.

❺ 적당한 운동

장시간 말을 해야 하는 일에 종사하고 있다면, 체력을 기르는 것은 필수다. 평소 적당한 운동으로 체력을 유지해야 목소리의 건강을 지킬 수 있다. 체력이 떨어지면 목소리도 쉽게 지쳐버린다.

❻ 바른 자세로 말하기

몸을 구부리거나 잘못된 자세로 말하면 성대에 무리가 간다. 특히 말을 할 때 어깨가 올라가거나 턱을 들고 말하면, 성대에 무리를 주기 쉽다. 바른 자세로 해야 자존감 향상에도 도움이 된다. 늘 허리를 곧게 편 바른 자세로 말하는 습관을 갖자.

❼ 어깨와 목 근육 스트레칭하기

어깨, 승모근 등 목 근육에 무리가 가면 목의 상태에 영향을 줄 수 있다. 자주 스트레칭을 해야 목이 쉽게 피곤해지지 않는다.

◁-☌-⟩ 목소리에 나쁜 습관

❶ 고음

평소 사용하는 음역대보다 높은 목소리를 낸다면 우리의 목은 쉽게 피로감을 느낀다. 특히 노래방, 경기 응원 등 준비되지 않은 상황에서 목소리가 제대로 나오지 않는 경험을 해본 적이 있을 것이다. 그러므로 목소리도 반드시 준비운동이 필요하다.

❷ 짜고 매운 음식

다음 날 중요한 일정을 앞두고 있다면, 후두에 지장을 주는 짜고 매운 음식은 피하는 것이 좋다. 특히 짠 음식은 우리가 잠든 후에도 계속 수분을 빼앗기 때문에 다음 날 목이 잠기거나 과도한 목마름을 느낄 수 있다.

❸ 커피, 탄산음료

대표적인 카페인 음료인 커피는 이뇨작용 때문에 섭취하는 수분보다 배출하는 수분이 더 많다. 평균적으로 1인당 연간 500잔 이상의 커피를 마시는 현대인은 안구 건조증, 피부 가려움증과 함께 성대 건조증 등 각종 질병에 노출돼 있다. 커피와 함께 성대에 자극을 주는 대표 음료로 탄산음료가 있다. 회의장에 놓인 당분이 많은 탄산음료나 과일음료는 침을 끈적거리게 하고 입안을 텁텁

하게 만든다. 성대가 마르는 순간 목소리는 순식간에 지쳐버린다.

❹ 야식

늦은 밤 야식은 역류성 후두염을 일으킬 수 있다. 위산이 올라와 목소리를 내는 성대 뒤쪽에 염증을 일으킨다. 역류성 후두염이 있으면 목이 쉽게 쉬고, 큰 소리를 내기 힘들며 가끔 톤이 불안정하다. 한번 발생하면 재발이 잦기 때문에 꾸준한 관리가 필요하다.

❺ 건조한 사무환경

난방 기구에서 나오는 더운 바람은 피부와 안구 건조증을 야기할 뿐만 아니라 목에도 매우 안 좋다. 주변에 가습기나 젖은 물수건을 두고, 자주 물을 마시며 목을 보호해야 한다.

❻ 담배

담배 연기는 우리의 성대, 발성기관을 직접 통과한다. 이때 담배 연기는 인후에 건조감을 주기 때문에 기침, 가래, 이물감을 직접적으로 유발하고, 맑은 목소리를 잃게 한다. 담배는 멀리하는 것이 좋다.

❼ 술

한 잔의 술은 긴장감을 완화시킨다는 좋은 점도 있지만, 도수가 높은 술(고량주, 보드카 등)이나 탄산감이 높은 맥주는 목 건강에 좋지 않다. 더불어 이뇨작용으로 성대의 점막이 건조해져 목소리가 갈라진다. 만약 내일 중요한 고객과의 만남이나 프레젠테이션을 앞두고 있다면 반드시 술은 피하자.

❽ 잘못된 호흡

의외로 많은 사람이 잘못된 방법으로 숨을 쉰다. 특히 입으로 숨 쉬는 것은 잘못된 호흡법이다. 입으로 숨을 쉬는 것 자체만으로 구강, 성대 건조증, 발성기관의 (얼굴) 변형, 입 냄새를 유발할 수 있기 때문이다.

❾ 목 가다듬기

우리는 종종 잠긴 목을 풀기 위해서 "아! 아! 아~!"하며 짧은 숨을 뱉어내며 소리를 낸다. 그러나 이 행동은 성대에 상처를 내고, 오히려 목을 잠기게 할 수 있다.

❿ 식사 후 바로 눕거나 운동을 하는 경우

식사를 하고 쇼파나 편한 자리에 바로 누우면 역류성 식도염을 일으킬 수 있다. 넘어온 위산이 식도의 점막을 자극해 염증을 일으킨다. 가슴이 뜨겁거나 쓰라리면 건강한 목소리를 내는 데 지장을 준다. 식후 과격한 운동이나 몸을 압박하는 옷 등도 복압을 높여 쉽게 위산이 역류할 수 있다. 복압이 장시간 지속되면 목소리가 맑지 않고 발성이 힘들다는 느낌을 받을 수 있다.

마리오네트 인형 호흡법

◁·◁₊ 줄에 매달린 인형처럼

몸에 힘을 빼고 자연스럽게 호흡하면서 자신이 줄에 매달린 인형 (마리오네트 인형)이라고 생각하면서 움직임을 반복해보자.

아래의 순서대로 천천히 몸을 움직이면서 호흡한다.

① 입으로 호흡을 뱉으며 몸을 털어준다. 특히 어깨가 충분히 내려가고, 온몸이 편안해질 수 있도록 반복적으로 호흡을 뱉으며 이완시킨다.

② 두 발은 어깨너비로, 시선은 정면을 바라본다.

③ 자신을 '줄 달린 인형'이라고 생각한다. 누군가 머리 위의 줄을 풀어놓듯이 머리끝부터 내려가 고개를 구부리고, 점차 머리, 목, 척추, 몸통, 허리를 굽힌다. 이때 호흡은 뱉어내며 호흡은 10박자로 내려간다.

④ 몸이 머리부터 내려갈 때 무릎은 살짝 굽힌다.

⑤ 머리와 팔이 완전히 바닥을 향하면 바람이 불어 몸이 움직이

듯, 몸을 좌우로 왔다 갔다 한다. 이때 인위적인 힘을 써서 움직이지 말고 바람에 흔들리는 나뭇가지처럼 좌우로 흔든다. 편안하게 숨 쉬며 온몸에 전혀 힘이 들어가지 않게 한다.

⑥ 이제 바람이 멈추고 자연스럽게 흔들었던 몸도 서서히 멈춘다.

⑦ 흔들리던 몸이 완전히 멈추면, 이제는 반대의 순서로 허리 쪽 척추부터 서서히 몸을 일으킨다. 어깨와 머리가 가장 마지막으로 올라와야 한다. 이때도 10박자에 맞춰 올라오며, 완전히 일어선 후 편안하게 숨을 내뱉는다.

정면을 바라보며 다리를 어깨 너비로 벌리고 몸이 편안한 상태로 선다.

머리끝이 무릎 높이로 내려갈 때까지 10박자로 서서히 내려간다.

어깨, 가슴, 배, 허리 순으로 내려간다.

좌우로 움직인다.
8박자

완전히 몸이 아래로 처진 상태에서 무릎을 가볍게 구부린다. 이때 몸은 굉장히 편한 상태로 이완이 되어 있어야 한다.

불어오는 바람을 상상하며 좌우로 나뭇가지 움직이듯 10박자로 움직인다. 8박자가 끝나면 서서히 멈추게 되는데 의도적으로 멈추지 않고 바람이 불지 않아 멈춘다고 상상하며 서서히 멈춘다.

완전히 멈추게 되면 척추부터 10박자로 몸을 들어 올린다. 이때 여전히 몸에 힘이 들어가서는 안 된다.

후~

마리오네트의 실이 나를 일으킨다는 상상을 하면 이완을 유지하는 데 도움이 된다.
마지막으로 머리끝이 올라간다.

완전히 올라오면 날숨을 하면서 호흡을 정리하고 편하게 몸을 좌우로 움직여 보며 몸이 얼마나 편안해졌는지 느껴본다.

이러한 훈련을 통해서 몸은 편하게 이완된 상태를 기억해본다. 충분히 훈련을 하면 몇 차례 깊이 뱉어내는 호흡만으로 금세 몸의 이완을 만들어낼 수 있다. 반복적인 훈련을 통해 경직되어 있는 몸에서 편하게 이완되어 있는 몸으로 유지한다.

허리를 숙여 온몸에 힘을 뺀 채, 다음의 순서대로 소리를 내본다.

① 허리를 숙이고 팔은 힘을 뺀 상태로 축 늘어뜨린다.

② 숨을 천천히 들이마시며 배에 공기를 채운 후, 배에 살짝 힘이
   들어간다는 느낌으로 소리를 내어본다.

③ "아~~" 하고 소리를 내면서 소리를 몸으로 느껴본다.

④ 소리가 불안정하고 떨리지 않게 일정하게 호흡을 한다.

⑤ 5초간 "아~~~" 하고 소리를 낸다. 안정되면 10초, 15초 동안
   소리를 내어본다.

몸이 편안해야 목소리도 편안하다

"힘 빼세요. 어깨에 너무 힘이 들어갔습니다. 힘을 빼세요."

노래를 배우거나 악기를 연주할 때, 춤출 때, 운동할 때 듣는 흔한 말이다. 이렇듯 거의 모든 배움의 첫 단계가 힘 빼기 훈련, 몸을 이완하는 훈련이다. 몸을 충분히 이완할 줄 알아야 진짜 힘을 사용할 수 있기 때문이다. 말을 할 때도 마찬가지다.

생각해보라. 중요한 미팅, 많은 사람 앞에서 연설을 해야 할 때면 나도 모르게 몸에 힘을 준다. 그러나 몸이 이완되어야 안정된 호흡이 나올 수 있다. 안정된 호흡이 되어야 목소리도 편안해지고 듣는 사람도 불안함이 없어진다. 그러기 위해서 우리는 의식적으로 몸을 편안하게 만들어야 한다.

장시간 카메라 앞에 선 배우나 수많은 강연을 펼친 전문 강사도 대중 앞에서 떨리는 것은 마찬가지다. 그들과 일반인의 차이는 그 떨림을 충분히 즐기고 다스릴 수 있다는 점이다. 편안한 목소리는 준비된 몸에서 시작된다. 몸이 준비되려면 힘 빼기가 먼저 되어야 한다.

◁·ᴗᴗ 마리오네트 인형 훈련법

힘 빼기에 도움이 되는 훈련법 중에는 '마리오네트 인형 훈련법'이 있다. 마리오네트는 인형의 관절을 실로 묶어 사람이 위에서 조정하여 연출하는 인형극을 말한다. 가만히 앉아 있거나 서 있기만 하던 인형이 이어진 실을 통해 움직이는 것을 보면 실제로 말을 하는 것만 같다. 또한 제법 섬세하게 움직이기도 한다. 이러한 인형처럼 움직이는 것이 훈련 방법이다.

마리오네트 인형 훈련법은 실을 묶어 움직이던 인형의 움직임을 배우들의 신체 훈련에 접목한 것이다. 훈련의 중요 포인트는 스스로 자신을 움직이는 것이 아니라 자신의 관절이 묶여 있는 실의 움직임대로 움직인다는 것이다. 움직이는 주체가 내가 아닌 나를 올려다보는 다른 존재라고 인식해야 한다. 이렇게 되려면 몸의 이완이 전제되어야 한다. 즉 힘을 빼고 움직이라는 것이다.

마리오네트 인형 훈련법을 반복하면 자연스레 몸에 힘이 빠지고 편안한 상태로 이완된다. 당연히 한 번으로는 효과를 느끼지 못한다. 지속적인 훈련이 필요하다. 매일 아침마다 시간을 정해두고 반복하는 것이 좋다.

마리오네트 인형 훈련법은 최대한 몸에 힘을 뺀 채, 허리를 숙여 소리를 내는 것이다. 이는 몸의 근육을 이완하면서 자기 경청을 낼 수 있는 훈련이다.

◁·ʌ· *간편한 복식호흡하기*

아래의 순서로 복식호흡을 해본다.

① 눈을 감은 상태로 천천히 호흡한다.

② 코로 숨을 서서히 들이마시고, 코와 입을 열어 서서히 내쉰다.

　(5회 반복)

③ 3초간 들이마시고, 3초간 호흡을 멈추고, 3초간 내쉰다. (5회 반

　복, 특히 숨이 멈췄을 때, 아랫배에 긴장감을 유지한다.)

④ 3초간 들이마시고, 3초간 내쉰다. (10회 반복)

⑤ 빠르게 들이마시고 내쉰다. (10회 반복)

◁◃▥ 발성 연습하기(단어 및 문장)

입을 크게 벌리고 목구멍을 둥글게 한 후 발음한다.

아버지 / 아이 / 이름 / 어머니 / 어울림 / 알토란 / 하늘 / 호수

출렁이는 파도 / 재미있는 이야기 / 잉꼬 한 쌍

창문 너머로 함박눈이 펑펑 내린다.

종이에 커다란 동그라미를 그린다.

어머니가 하루 종일 빨래를 하신다.

◁◃▥ 공명을 느끼며 발성연습

포물선을 그리며 소리가 뻗어 나간다고 상상하며 말한다.

아하~~~~~~~~   아~~~~하~~~~~아~~~~~
하~~~~~~~~~~   하~~~~~아~~~~~하~~~~~
음~~~~~~~~~~   음~~~~~이~~~~~~~~~~~

60

이상적인 목소리를 만들기 위한 호흡법

목소리는 어떻게 나오는 것일까? 목소리는 폐에서 나온 공기가 성대를 진동시켜 나온다. 다시 말해, 눈에 보이지 않지만 폐에서 나온 공기는 성대를 지나면서 진동을 하게 되고 입과 코, 머리를 거치며 울림이 더욱 배가 되어 나오는 것을 우리는 '목소리'라고 부른다.

남성 목소리의 기본 주파수는 100~150헤르츠, 여성 목소리의 기본 주파수는 이보다 높은 200~250헤르츠다. 100헤르츠는 1초에 성대가 100번 진동한다는 뜻으로 소리가 높을수록 주파수도 높다. 소리가 높으면 가까이 있는 사람에게는 잘 들리지만 멀리 있는 사람에게는 잘 들리지 않는다. 남성과 여성이 같은 소리를 낼 경우 남자의 목소리가 더 잘 들리는 이유도 여기에 있다.

목소리는 크게 2가지로 나뉜다. 첫 번째 목소리는 '순수한 목소리'다. 폐에서 나온 공기가 성대를 떨게 해 나오는 소리를 말한다. 쉽게 말해 폐에서 직접 나오는 순수한 목소리는 타고난 목소리라고 말할수 있으며, 사람의 지문만큼 다양하다. 하지만 순수한 목소리로 이야기할 경우 '왜 이렇게 힘이 없어', '왜 나이 어린 사람처럼 이야기하지?'라는 느낌을 줄 수 있다.

◁•╫• 공명을 위한 호흡법

신뢰감을 주는 목소리를 만들기 위해서 필요한 목소리가 있다. 바로 두 번째 목소리 '공명'이다. 공명은 소리가 주변의 울림을 통해 밖으로 표출되는 것을 말한다. 즉 입, 코, 머리를 울려서 나오는 '울림소리'를 말한다. 동굴 안에서 울리는 울림소리라고 생각하면 쉽게 이해할 수 있다. 자기 경청을 만들기 위해서는 반드시 공명을 연습해야 한다. 공명이 있는 목소리를 내기 위해서는 먼저 필요한 것이 바로 '호흡'이다.

호흡의 깊이만큼, 머금고 있는 호흡만큼 발성에 기분 좋은 공명이 생긴다. 올바른 호흡을 한다면 말의 속도와 강약을 자유자재로 조절할 수 있다. 만일, 목이 자주 쉬거나 강연, 발표 등을 할 때 어깨와 뒷목이 뻐근하다면 잘못된 호흡을 사용하기 때문이다.

평상시 우리에게 익숙한 호흡 방식은 '흉식호흡'이다. 흉식호흡은 가슴을 부풀려서 숨을 들이마시고 내쉬는 얕은 호흡을 가리킨다. 숨을 마셨을 때 어깨는 올라가고 가슴은 부풀어 오르며 배는 쑥 들어간다. 반대로 내쉬면 가슴과 어깨는 내려오고 배는 툭 나온다.

이렇게 얕은 호흡은 폐활량이 적고 에너지 소모가 많다. 특히 가슴에서 얕게 쉬는 호흡이기에 깊이 있는 소리가 아닌, 들뜨고 약한 소리가 만들어진다. 강연을 할 때 이 호흡을 사용할 경우 호흡 조절이 잘 안 되어 말이 빨라지기도 한다. 그래서 필요한 것이 '복식호흡'

이다.

복식호흡은 공기를 폐 아래쪽으로 보내며 깊게 쉬는 심호흡이다. 공기를 최대한 꽤 깊숙한 곳까지 밀어 넣는다는 느낌으로 숨을 들이마시면, 가슴과 배를 가르는 횡격막이 아래로 내려가면서 장기가 눌리게 되고, 자연스럽게 배가 앞으로 나온다.

복식호흡은 흉식호흡에 비해 더 많은 양의 공기를 깊숙한 곳까지 한 번에 채울 수 있다. 많은 양의 공기가 발성기관을 통과할 때 훨씬 풍성하고 울림 있는 소리를 만든다. 또한 복식호흡은 어깨가 들썩이지 않아 에너지 소모가 현저히 적고, 배로 공기의 압력을 조절해 소리를 내기 때문에 편안한 소리가 난다. 보통 배꼽 아래로 5센티미터 안쪽으로 3센티미터 지점에 집중해야 훨씬 안정되고 탄탄한 소리가 난다. 이 소리는 상대적으로 소리에 힘이 있고 풍성하며 안정적으로 뻗어 나간다.

◁‑〰 입을 크게 벌리고 목 안쪽부터 활짝 열어야

풍성하고 안정적인 목소리를 내기 위한 입 모양이 있다. 우리가 좋은 소리를 내는 데 방해하는 가장 나쁜 습관은 바로 입을 크게 벌리지 않고 말하는 것이다. 입을 작게 벌리면 목 안쪽도 닫히고, 공명할 수 있는 공간도 좁아진다. 당연히 소리가 입 밖으로 잘 나가지도 않는다. 이 상태에서는 마치 안으로 들어가는 것 같은 작고 답답한

소리, 웅얼거리는 소리, 납작한 소리가 만들어진다. 공기가 풍성하게 울리고, 공명된 소리가 입 밖으로 시원하게 뻗어 나가려면 입을 크게 벌리고 목 안쪽부터 활짝 열어주어야 한다.

지금까지 말한 내용을 연습해보자. 먼저 거울을 보면서 입을 크게 벌려보자. 그러면 입안 목구멍의 안쪽 뒤 끝에 목젖이 보인다. 목젖 주변으로 둥글게 내려오는 부분이 있다. 이 부분을 둥글고 넓게 만든다.

넓게 만들었다면 이제 소리를 내어보자. 우선 "하아~~" 하고 하품하듯이 숨을 내뱉어보자. 크게 "하아~~하아~~하아~~" 3번을 반복한 후에 여기에 소리를 함께 얹어본다. 그러면 우리가 흔히 말하는 공기 반 소리 반 느낌으로 발성하게 된다. 소리가 입안에서 둥글게 공명해 앞으로 시원하게 뻗어 나간다고 생각하고 길게 발성한다. 배에 힘을 주어 일정하게 소리가 나올 수 있도록 한다. 이것을 반복한다.

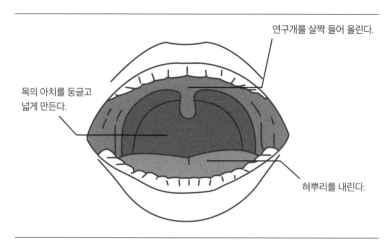

연구개를 살짝 들어 올린다.

목의 아치를 둥글고 넓게 만든다.

혀뿌리를 내린다.

발성을 위한 바른 입 모양

보이스 트레이닝 5
복식호흡으로 말하기

◁〰 복식호흡 훈련하기

코로 숨을 들이 쉬는 것이 들숨, "후" 하고 입으로 뱉는 것이 날숨이다. 숨이 코로 들어가고 후~ 뱉어내는 것이 호흡 한 번이다. 들숨과 동시에 가슴이 부풀어 오르면 안 되며, 어깨가 움직이는지 의식하면서 호흡해야 한다.

❶ 바른 자세로 서거나 편안하게 앉은 자세 취하기

두 발은 어깨너비로 벌리고 선다. 혹은 앉은 자세라면 허리를 곧게 펴고 앉는다. (앉아 있을 경우 구부정하게 있거나 뒤로 기대어 앉으면 기도가 꺾이기 때문에 호흡을 원활히 할 수 없다.)

편안한 자세를 잡은 후에는 목을 좌우로 돌려주며 목과 어깨의 긴장감을 떨쳐낸다.

❷ 들숨으로 숨 쉬기

들숨으로 배꼽 아래 5센티미터 지점까지 숨이 내려가 모인다고

생각한다. 이때 눈을 감고 숨의 이동경로를 상상하면서 가장 깊은 곳까지 내려준다. 그럼 아랫배가 빵빵해지는 것을 느끼게 된다.

❸ 자연스럽게 날숨으로 뱉기

골반 쪽으로 숨이 표면 장력처럼 찰랑찰랑하게 찼다는 느낌이 들면 3~5초 정도 멈추었다가 숨을 바꿔 날숨으로 "후~" 하고 뱉는다.

❹ 복식호흡하기

숨을 뱉을 때 윗니에 부드럽게 부딪혀 나온다는 생각으로 날숨을 한다. 이때 "스~" 하는 소리가 나며, 소리가 떨리거나 끊이지 않게 균일하게 뱉어낸다. 끝까지 "스~" 소리를 균일하게 내려면 자연스럽게 아랫배에 지그시 힘이 들어간다. 그 압력으로 호흡을 올려보내는 것이다.

❺ 레벨 업! 복식호흡법

복식호흡을 할 때 들숨과 날숨의 시간에 차이를 두는 방법이다. 예를 들어 들숨이 5초인 분들은 날숨을 할 때, 그 두 배인 10초 동안 내뱉는다는 생각으로 숨을 뱉어내는 것이다. 마찬가지로 10초 동안 들숨을 했던 분들은 20초 동안 숨을 뱉어낸다는 생각으로 날숨을 하면 된다.

이러한 복식호흡은 횡격막 운동을 통해서 성대가 쉽게 피로해지지 않는다.

❻ 복식호흡으로 소리 내기

복식호흡을 하며 "아~" 하고 소리를 낸다. 그리고 숨이 끝날 때까지 날숨을 뱉는다. 소리의 출발점이 목이 아닌 아랫배에서 올라온다고 생각하며 소리를 낸다. 목에 자극이 없어야 한다. "아~" 소리를 낼 때 끝까지 소리가 떨리거나 끊이지 않도록 균일하게 호흡을 내보내야 한다. 이때 우리 몸의 어느 지점에 힘이 들어가는지 느낄 수 있다.

❼ 타이머를 이용해 5분간 복식호흡하기

눈을 감고 호흡을 인식하면서 복식호흡을 분당 몇 회 하는지 세어 본다.

5분 동안 25회 이상 했다면 호흡에 관리가 필요하다.

호흡을 좀 더 깊이 밀어 넣고 천천히 내쉬는 복식호흡 훈련을 자주 해야 한다. 그렇다면 지금보다 호흡이 굉장히 좋아질 것이다.

5분 동안 15회에서 20회 정도 했다면 건강한 호흡을 하고 있다.

평소에 운동을 열심히 하며 체력 관리를 잘하고 있다.

5분 동안 15회 이하로 했다면 아주 훌륭한 호흡을 하고 있다.

강연 시 호흡을 탄력적으로 잘 사용할 수 있다.

◁┉╍ 간단한 복식호흡 훈련

① 숨을 들이마시며 아랫배에 공기를 채운다.

② 셋까지 세며 "스~~" 하고 공기를 내보낸다. 이때 스~ 하고 나오는 숨소리가 떨리거나 끊기지 않고 균일하게 소리를 낼 수 있도록 신경 쓴다.

③ 다섯까지 세며 "스~~" 하고 공기를 내보낸다.

④ 숨을 천천히 깊게 들이마신 후, 마음속으로 열까지 세며 "스~~" 하고 공기를 내보낸다.

⑤ 이러한 과정을 5번 정도 반복한다.

◀⾧⾧⾧ 복식호흡으로 말하기

"안녕하세요" 말하기

① 3미터 거리에 있는 물체를 주시하고 "안녕하세요"라고 5번 말한다.

② "안녕하세요"를 말할 때 숨을 바꿔 쉬면 안 되고, 한 번 들이마신 호흡으로 5번 연속으로 "안녕하세요"라고 말한다.

③ 처음부터 끝까지 균일한 소리로 "안녕하세요"라고 말한다. 이때 어미를 "요~"라고 끌지 말고 정확하게 끊어서 발성한다.

"고맙습니다" 말하기

① 한 호흡으로 "고맙습니다"를 10번 반복해서 말한다.

② 숨이 조금 차게 될 텐데, 이때 횡격막 근육을 점점 내려주면서 마치 배를 아래로 짜주듯이 하며 생기는 발성 압력으로 처음과 마지막 "고맙습니다"까지 동일하게 말한다.

◀⾧⾧⾧ 복식호흡으로 문장 말하기

문장으로 말하기

다음 예문을 복식호흡 존의 압력을 유지하면서 한 호흡으로 소리를 내어 읽어본다. 자신의 몸 상태, 횡격막 움직임과 배에 기분 좋은 긴장감이 잘 유지되는지 체크한다.

건강이 조금만 나빠져도 목소리는 민감하게 반응한다.

반대로 몸과 마음이 건강하면 목소리에 맑고 밝은 기운이 어린다.

목소리는 타고난다고들 알고 있지만 그렇지 않다.

어떻게 관리하냐에 따라 달라진다.

목소리를 잘 관리하면 안정되고 힘이 있다.

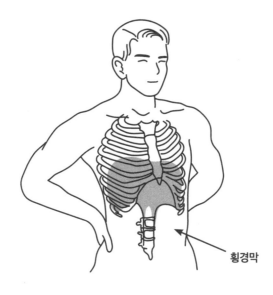

횡경막

◁◄╫ 복식호흡 익숙해지기

빠른 호흡부터 느린 호흡까지 차례대로 연습하기

① 1초간 들이마시고, 2초간 내쉰다.

② 2초간 들이마시고, 4초간 내쉰다.

③ 3초간 들이마시고, 6초간 내쉰다.

④ 4초간 들이마시고, 8초간 내쉰다.

⑤ 5초간 들이마시고, 10초간 내쉰다.

⑥ 6초간 들이마시고, 12초간 내쉰다.

⑦ 7초간 들이마시고, 14초간 내쉰다.

⑧ 8초간 들이마시고, 16초간 내쉰다.

⑨ 9초간 들이마시고, 18초간 내쉰다.

⑩ 10초간 들이마시고, 20초간 내쉰다.

◁◄╫ 복식호흡으로 낭독하기(한쪽 다리 들고 낭독하기)

① 선 자세에서 한쪽 다리를 가볍게 든다.

② 체중을 싣고 있는 다리에 힘을 준다.

③ 아랫배에 힘이 단단하게 들어가는 것을 느끼며

　　복식호흡을 한다.

④ 복식호흡을 하며 다음 예문을 소리 내어 읽는다.

상처가 부르는 사람

도마 위에 쓰다 남은 양파 조각들

아침에 보니 그 잘린 단면에 날벌레들이

까맣게 앉아 있다. 거기모여 있는 벌레들은

식물의 먼 길 바래다줄 저승사자

검은 날개의 옷을 접고 앉은 그들에게

칼자국이 만든 마지막 육즙을 대접하며

양파는 눈을 감는다. 가슴에 차오르는 기억을

날개마다 가만히 올려놓는 중이다.

- 길상호, 《오동나무에 잠들다》, 〈상처가 부르는 사람〉 중에서

좋은 목소리의 끝판왕, 복식호흡

프랑스에서 돌아와 본격적으로 연극을 시작한 지 1년이 지나 드디어 기다리던 배역 맡을 기회가 있었다. 한 달간의 연습을 거치고 드디어 무대에 올라가던 날, 얼마나 떨리던지 온몸이 간질거리고 심장은 펄떡 뛰다가 입 밖으로 튀어나올 것만 같은 느낌이었다. 연극이 시작되고 얼마 뒤 점점 무대로 몰입하는 관객들의 에너지가 나에게도 전해지면서 떨림은 사라지고 최선을 다하여 공연을 무사히 마칠 수가 있었다. 보통 200석 규모의 소극장은 공연이 끝나고 관객이 나갈 때 배우들이 무대로 나와 사진도 같이 찍고 감사 인사를 하는 경우가 많은데 나 또한 동료 배우들과 관객들에게 인사를 하던 중이었다. 그때 뒤쪽에 자리했던 일행으로 보이는 관객들이 나가면서 말했다.

"연극 처음 보는데 재미있게 잘 봤습니다. 중간중간 대사가 잘 안 들렸는데 암튼 재미있었어요."

순간 나는 머리를 한 대 얻어맞은 듯 멍해졌다.

관객이 모두 나가고 연출 및 배우, 관계자들이 모두 모여 오늘 무대에서 문제점들을 점검하는 시간, 각각의 배우들을 짚어가던 연출이 나에 대해 말하기 시작했다.

"장면과 감정에 따라 대사의 성량이 달라지는 건 맞지만 기본적으로 배우가 대사 전달이 되야지! 대사가 객석 뒤 오퍼실(조명,음향 조종실)까지 전달 안 되면 그건 똥 배우야!"

그때 자신에 대한 부끄러움과 충격은 제법 컸다. 하지만 덕분에 발성훈련을 더욱 열심히 할 수 있었다. 즉, 목소리를 사용하는 방법에 대해 다시 한번 훈련을 하였고 덕분에 지금은 작은 목소리로도 충분히 공간을 가득 메울 수 있게 되었다. 좋은 목소리를 위한 연습은 꾸준히 해야 한다. 특히 복식호흡은 발성 연습 중에서도 가장 중요하다고 할 수 있겠다. 큰 목소리라고 멀리까지 전달되는 것은 아니다. 복식호흡이 자유롭게 되면 큰 목소리보다 멀리 가는 소리의 힘이 생긴다.

작은 목소리라 할지라도 흡입력이 생기고 공간을 채우는 힘이 있어 더 잘 들린다. 그래서 바른 발성, 복식호흡이 중요하다.

🔊 좋은 호흡은 기본

보이스 코칭을 하다 보면 "잠깐만 말을 해도 목소리가 쉽게 갈라지고 목이 아프다"라는 고민을 많이 듣는다. 그런데 호흡만 바뀌어도 목소리로 고민하는 대부분의 것들이 해결된다. 당연한 말이지만 호흡을 잘 해야 좋은 목소리가 나온다.

앞서 언급했듯이 좋은 목소리를 내기 위해서는 복식호흡이 필요하다. 이는 훈련을 통해 몸으로 익혀야 한다. 대부분 복식호흡을 어려워한다. 그러나 사람들이 알아차리지 못할 뿐 일상생활에서 자연스레 복식호흡을 하고 있는 경우를 많이 볼 수 있다.

복식호흡은 가슴으로 숨 쉬는 흉식호흡과 달리 복부를 이용하는 호흡법이다. 그만큼 복식호흡은 흉식호흡보다 더 많은 공기를 깊이 있게 마실 수 있다. 이 호흡법만으로도 심박동 수가 줄고 혈류의 속도를 줄여서 몸이 이완되고, 목소리 또한 깊이 있고 편안한 음색으로 변한다. 또한 복식호흡으로 횡격막 근육을 적극적으로 사용하면서 성대에만 집중되던 말하기에 필요한 힘을 분산해 오랫동안 말해도 목이 쉽게 피로해지지 않고 파워풀하게 목소리를 낼 수 있게 도와준다.

◁◦〰 올바른 복식호흡법

간단하게 복식호흡하는 방법을 설명하자면, 먼저 복식호흡 존(zone)에 손을 올려놓는다. 복식호흡 존은 갈비뼈 아래에서부터 배꼽 아래 5센티미터까지의 공간을 말한다. 여기에 손을 올려놓고 숨을 들이마신다. 마치 복식호흡 존에 풍선이 들어 있다고 생각해보자. 숨이 들어가면 풍선이 부풀어 오를 것이다. 반대로 이제는 숨을 내뱉어본다. 숨이 나가면 풍선에 바람이 빠지는 것처럼 수축될 것이다. 즉, 복식호흡은 숨을 들이쉬면 배가 볼록하게 나오고, 숨이 나가면 배 역시 홀쭉해진다.

가끔 복식호흡을 과소평가하는 사람들이 있다. 하지만 가슴 근처에서 끌어올린 소리와 저 아래인 배에서 끌어올린 소리의 힘은 깊이면에서 비교할 수 없을 정도로 큰 차이가 난다. 목소리는 목으로 내는 것이 아니라, 배까지 숨을 채운 다음 입으로 끌어올리는 것이다.

복식호흡을 한다고 해서, 또는 요가나 명상 수련을 했다고 해서 모두가 복식호흡을 이용해서 말할 수 있는 것은 아니다. 배우, 아나운서와 같은 듣기 좋은 음역대의 목소리, 잘 들리는 목소리, 볼륨은 작아도 힘이 느껴지는 목소리를 가지고 싶다면 꼭 해야 하는 훈련이 '복식호흡으로 말하는 훈련'이다.

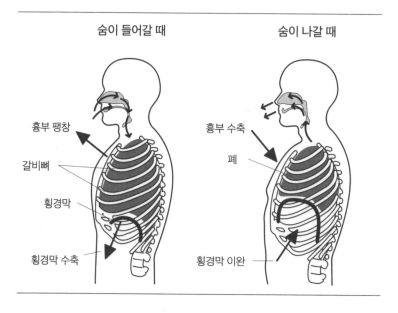

그림을 보면 갈비뼈 안쪽에 횡격막 근육이 있다. 마치 우산 같은 돔 모양이다. 횡경막 근육은 우리가 들숨을 쉴 때 깊이 숨을 채울수록 아래로 내려간다. 반대로 날숨을 쉬게 되면 횡격막은 제자리로 돌아온다.

복식호흡으로 말하기 위해서는 이를 응용하면 된다. 그림과 같이 우리가 들이마신 숨도 날숨으로 빠져나간다. 이때 빠져나오려고 하는 숨을 횡격막 근육으로 꾹 누른다. 이 상태에서 생기는 압력으로 말하는 것이 복식호흡으로 말하기다. 골반에 걸쳐 아랫배에 숨을 꽉 잡아둔다는 느낌으로 말하면 쉽다.

◁㘞 날숨 쉴 때 포인트

날숨을 쉴 때 포인트를 기억하자. 숨을 뱉어낼 때 뱃가죽이 등 쪽으로 붙으면서 꺼지면 안 된다는 점이다. 이 상태에서는 소리를 제대로 낼 수 없다. 어느 정도 배가 꺼진다는 느낌은 있지만 근본적인 모양새는 유지되어야 한다.

사람의 뱃가죽은 북과 같다. 팽팽한 북이 '둥둥둥' 하고 소리가 맑고 울림이 크듯이 우리 뱃가죽도 팽팽해야 소리의 공명과 울림이 크다. 쭈글쭈글하면 소리가 잘 나지 않는다.

◁⌇⋀⋀ 복식호흡 확인하기

바르게 복식호흡을 하고 있는지 간단한 방법으로 확인할 수 있다.

① 몸을 편하게 이완한 상태에서 두 발을 어깨너비로 벌리고 시선
   은 정면을 향한다.

② 두 손으로 골반 바로 윗부분을 감싸쥐고, 천천히 허리를 숙인다.
   만약에 고개를 들거나 너무 숙이면 호흡에 방해가 될 수 있다.

③ 그 상태에서 복식호흡을 한다. 들숨을 할 때 개구리가 울음소
   리를 내면서 울음통이 부풀 듯, 손으로 잡은 곳이 부풀어 오른
   다면 복식호흡을 제대로 하고 있다는 것이다.
   허리 부분의 소리통이 부풀어 오르는데, 사람마다 그 움직임의
   크기가 다를 수 있다.

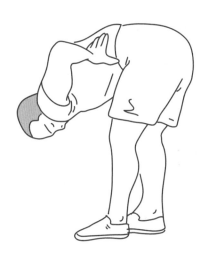

보이스 트레이닝 6
비강공명으로 소리 내기

비강의 위치

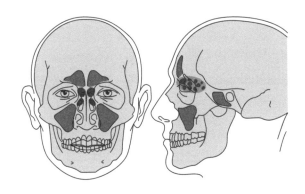

🔊〰️ 비강공명으로 소리 내기

① 복식호흡으로 "음~~" 소리를 내면서 비강에서 공명이 느껴지게 울림을 만든다.

② 복식호흡으로 "음~~" 소리를 내면서 미간에서 소리가 나간다는 느낌으로 "음~" 허밍음을 내본다.

③ 모음 + 끝소리 ㅇ을 붙여 소리를 내어 비강공명을 느껴본다.

ㅏ, ㅔ, ㅣ, ㅗ, ㅜ → 앙, 엥, 잉, 옹, 웅

미야옹 → 고양이의 울음소리를 연상하며 천천히 소리를 내면서

비강공명 감각을 알아가자.

④ 반복적인 연습을 통해 비강공명의 감각을 익힌다.

김소월의 시 〈엄마야 누나야〉를 통해 비강공명이 말을 할 때 어떤

작용을 하는지 알아보자.

엄마야 누나야 강변 살자

엄마야 누나야 강변 살자

뜰에는 반짝이는 금모래빛

뒷문 밖에는 갈잎의 노래

엄마야 누나야 강변 살자

① 첫 부분은 일명 생목으로 소리 내어 읽어보고, 두 번째 부분은

손으로 코 옆 두 뺨에 대고 비강공명을 느끼면서 소리 내어 읽

어보자.

② 충분히 감각을 익히면 이번에는 동요로 불러본다.

③ 방식은 동일하게 첫 가사는 생목으로, 두 번째는 비강공명을

사용해서 동요를 불러본다.

④ 목소리에 공명이 풍성해져 듣기에 훨씬 편하고 목에 무리가 가

지 않아도 높은음과 성량을 증폭시킬 수 있음을 느낀다.

깊고 울림 있는 목소리, 비강공명

공명이라는 뜻은 함께 '공(共)' 자와 울 '명(鳴)' 자를 써서 '함께 울린다'라는 뜻을 가지고 있다. 먼저 내 마음을 울린 다음 다른 사람의 마음도 울려서 함께 울리는 것, 그것을 바로 우리는 '공명'이라고 말하는 것이다.

사람들은 울림이 있는 공명 목소리를 좋아한다. 공명을 스피커로 말하자면 저음이 깔리는 우퍼(wopper) 스피커다. 우퍼 스피커의 경우 저음이 많아 사람들 귀에 편안하게 들린다. 엄마가 불러주는 자장가를 떠올려보자. 아이를 재워야 하는 엄마로서는 잔잔한 울림이 가득한 소리로 아이에게 자장가를 불러준다. 이때 나오는 것이 바로 공명이다.

공명은 참으로 따뜻하고 편안하다. 공명 목소리는 편안하면서도 신뢰감이 있는 목소리다. 그래서 누군가를 설득해야 하는 작업을 가진 사람들에게 반드시 필요한 목소리라고 할 수 있다.

공명은 자기 스스로 울림을 만들기 때문에 소리를 크게 내려고 애쓰지 않아도 자연스럽게 소리가 커져 넓은 공간에서 소리 내기가 훨씬 편하다.

또한 공명은 톤이 내려가 있는 안정된 목소리이기 때문에 잘 들린다. 앞에 나가 발표만 하려면 톤이 높아지는 사람이 있다. 이런 경우는 '꼭 잘해야 해!'라는 생각이 강하면 그럴 수 있다. 또 불안하고 두려워지면 톤이 올라간다. 이렇게 톤이 올라가면 음정 자체가 불안해지고 소리만 지르는 경우가 많다. 계속 소리를 지르듯이 높은 톤으로 이야기를 하면 단어와 단어 사이의 높낮이가 적절히 조화되지 않아 소리가 일자 톤으로만 들린다. 따라서 듣는 사람이 시끄럽게 느낄 수 있다.

◁·〰 공명 연습의 효과

공명을 연습하면 자연스럽게 톤이 내려간다. 공명이 나온다는 것은 얕은 호흡이 아닌 깊은 호흡으로 말을 한다는 것이고, 이때의 톤은 위쪽에 떠 있기보다는 아래쪽에 차분히 내려와 있기 때문이다. 톤을 내린다는 것은 '놓는다는 것'이다.

그렇다면 공명을 내기 위해서는 어떻게 해야 할까? 가장 먼저 해야 할 것이 복식호흡이다. 복식호흡에 대해 간단히 살펴보면, 먼저 복식호흡을 하기 위해서는 배꼽아래 5센티미터 아래에 손을 올려놓고 숨을 들이마신다. 숨을 들이 마시면 부풀어 오를 것이다. 그리고 천천히 숨을 입으로 내뱉으면 수축될 것이다. 그리고 다시 숨을 가득 채운 다음 "아~~~"하고 뱉는다. 하품하듯이 자연스럽게 입을 벌리고, 그다음 목과 쇄골 사이에 손을 갖다 댄다. 그리고 나서 숨을 들이마신 다음 "아~~~" 하고 뱉는다. 이때 목과 쇄골사이의 성대 울림이 느껴진다. 이렇게 공명소리를 낼 수 있다.

여기에 더 깊고 울림 있는 목소리를 내기 위해서는 복식호흡과 함께 비강공명을 사용하면 된다. 비강공명이란 코 뒤의 비어 있는 비강에 집중해서 말하는 것으로, 이에 익숙해지면 목에 자연스럽게 힘이 빠져서 결과적으로 목을 편안하게 해준다. 이 반복 훈련을 통해서 비강공명이 강해지면 건강하게 고음을 낼 수 있다.

복식호흡과 비강공명을 함께 사용하면 장시간 큰 소리로 강의를 하거나, 고음을 오랫동안 사용해도 목에 무리가 가지 않는다. 그리고 소리가 분명하게 들리는 힘이 생길 것이다.

비강공명을 잘하려면 눈과 눈 사이에 구멍이 있다고 생각하며 시선 방향으로 소리를 내야 한다. 그 아래에서 소리를 내는 느낌이라면 즉, 코로 소리를 내는 느낌이라면 코맹맹이 소리가 날 수 있다.

비강공명은 소리 자체도 좋을 뿐만 아니라 호흡을 아껴주어 호흡이 길어진다.

보이스 트레이닝 7
목소리 성량 키우기

◁‑⥥ 목소리 성량 키우기 연습 l

① 볼륨을 10단계로 나누어본다.

볼륨은 도, 레, 미, 파를 응용해서 음의 높낮이를 만든다.

볼륨 10: 마주 앉은 사람에게 말하듯 작은 성량

볼륨 100: 본인이 가진 가장 큰 성량

하나 하면 하나요(성량 10) 둘 하면 둘이요(성량 20) 셋 하면 셋이요
(성량 30) 넷 하면 넷이요(성량 40) 다섯 하면 다섯이요(성량 50) 여
섯 하면 여섯이요(성량 60) 일곱 하면 일곱이요(성량 70) 여덟 하면
여덟이요(성량 80) 아홉 하면 아홉이요(성량 90) 열 하면 열이요(성
량 100)

◁‑⥥ 목소리 성량 키우기 연습 ll

① 예문에 맞추어 볼륨을 조절하며 읽어본다.

예문들이 서로 끊이지 않게, 리듬감 있게 읽어본다.

반복 연습을 통해서 리듬감을 충분히 익혀본다.

② 연설을 한다는 느낌으로 감정을 넣어서 읽어본다.

둘 하면 둘이요 / 여섯 하면 여섯이요 / 넷 하면 넷이요 / 하나 하면 하나요

일곱 하면 일곱이요 / 여덟 하면 여덟이요 / 셋 하면 셋이요 / 열 하면 열이요

다섯 하면 다섯이요 / 아홉 하면 아홉이요 / 둘 하면 둘이요 / 셋 하면 셋이요

일곱 하면 일곱이요 / 다섯 하면 다섯이요 / 둘 하면 둘이요 / 셋 하면 셋이요

◁〰 목소리 성량 키우기 연습Ⅲ

응용하여 말하기

① 성량이 크고 작아짐에 따라 문장의 느낌이 어떻게 변화하는지 알아보자.

② 단어가 주는 이미지를 상상하며 느낌을 표현하면서 읽어본다.

제가 여러분께 마지막으로 드리고 싶은 말은 (10)

제가 여러분께 마지막으로 드리고 싶은 말은 (30)

제가 여러분께 마지막으로 드리고 싶은 말은 (50)

제가 여러분께 마지막으로 드리고 싶은 말은 (70)

투명한 목소리(음성10) 새하얀 목소리(20) 샛노란 목소리(30)

연초록 목소리(40) 연분홍 목소리(50) 연주황 목소리(60)

진보라 목소리(70) 새파란 목소리(80) 새빨간 목소리(90)

새까만 목소리(100)

새파란 목소리(음성80) 샛노란 목소리(30) 연분홍 목소리(50)

투명한 목소리(10) 연주황 목소리(60) 새까만 목소리(100)

연초록 목소리(40) 새하얀 목소리(20) 진보라 목소리(70)

새빨간 목소리(90)

◁◦◦◦◦ 목소리 성량 키우기 연습Ⅳ

① 문장을 통해서 연습을 해본다. 발성의 성량뿐만 아니라 단어의

　이미지화, 문장이 갖는 의미를 충분히 전달하며 읽어본다.

다음 예문을 소리 내어 읽어보자.

📖 예문

오늘 나에게는 꿈이 있습니다.

(50 단호하고 확신에 찬)

어느 날 모든 계곡이 높이 솟아오르고,

(60 강한 기운으로 솟아오르듯이)

모든 언덕과 산은 낮아지고,

(30 차분하지만 확신에 찬)

거친 곳은 평평해지고, 굽은 곳은 곧게 펴지고,

(30 '거친', '평평', '곧게'는 이미지화로 눈앞에 펼쳐지듯)

하나님의 영광이 나타나 모든 사람이 그 광경을 지켜보는 꿈입니다.

(60~70 웅장하고 비장하게)

이것이 우리의 희망입니다.

(20 한 음절씩 비장하게, 소중히 감싸듯)

이것이 내가 남부로 돌아갈 때 가지고 가는 신념입니다.

(40 확신에 찬, 단호하게)

이런 신념을 가지고 있으면 우리는 절망의 산을 개척하여 희망의 돌을
찾아낼 수 있을 것입니다.

(40~50 강하게, 희망은 조금 느리게 호소하듯)

이런 희망을 가지고 있으면 우리는 이 나라의 이 소란스러운 불협화음을
형제애로 가득 찬 아름다운 음악으로 변화시킬 수 있을 것입니다.

(30 감정을 넣어 설득하듯)

이런 신념이 있으면 우리는 함께 일하고 함께 기도하며 함께 투쟁하고
함께 감옥에 가며, 함께 자유를 위해 싸울 수 있을 것입니다.

(50~70 점점 강하게, 단호하게 뜨겁게)

우리가 언젠가

(40 확신에 찬 단호함, 잠시 포즈)

 자유로워지리라는 것을 알기 때문입니다.

(40 느리게, 한 자 한 자 분명하게)

- 마틴 루터 킹 주니어 목사, 〈나에게는 꿈이 있습니다〉 연설 참고

다음 예문을 소리 내어 읽어보자.

📋 예문

존경하는 IOC 위원장님, 세계 각국에서 오신 IOC 위원 여러분,

우리 국민의 따뜻한 마음을 담아 대한민국에 오신 것을 진심으

로 환영합니다. IOC 위원 여러분과 인사를 나누면서 평창동계

올림픽의 공식 일정을 시작하게 되어서 아주 기쁩니다.

마치 오랜 친구를 만난 것 같은 반가움도 있고 앞으로 오랫동

안 깊은 우정을 나누게 될 소중한 친구와의 첫 만남 같은 설렘

도 느낍니다.

나는 우리가 나누어 온 신뢰와 우정이 앞으로도 계속되기를 기

대합니다.

우리의 지속적인 연대와 협력이 스포츠를 통해 평화롭고 더 나

은 세상을 만드는 데 크게 기여하기를 희망합니다.

또한 나는 오늘 나의 이 기대와 희망이 나와 여러분, 우리 모두

의 것이라는 것을 느낍니다.

- 2018. 2. 5., 〈평창동계올림픽 IOC위원 소개 행사 연설문〉 참고

목소리의 볼륨을 키워라

목소리의 볼륨에 따라 전달하고자 하는 내용이 다르게 전달될 수 있다. 정확히는 단순한 소리의 크기를 말하는 것이 아니라 소리에서 느껴지는 공간을 채우는 힘, 공명과 성량 모두를 말하는 것이다. 먼저 볼륨을 10단계로 나누어서 낼 수 있어야 한다. 볼륨 10은 옆에 있는 사람에게 전달하는 목소리의 크기이고, 볼륨 100은 본인이 낼 수 있는 가장 큰 목소리의 크기이다. 우선 자신이 어느 정도 목소리의 볼륨을 가지고 있는지 파악하는 것이 중요하다. 그리고 문장에 따라 볼륨의 크기를 다르게 하여 하나의 문장을 반복하여 연습함으로써 언제든지 상황에 맞는 말하기를 할 수 있다.

말하기에서 목소리 볼륨 차이를 두는 것은 이러한 목소리의 크기에 따라 문장에서 단어에 대한 이미지를 형상화할 수도 있고, 의미를 강조하는 역할을 하기도 한다. 목소리의 크기에 따라 말하고자 하는 문장의 분위기도 달라질 수 있기 때문이다.

앞서 제시한 4단계 연습을 통해 자유자재로 목소리의 크기를 조절할 수 있도록 해보자.

WEEK ONE

☐ 숨을 들이마시면 아랫배에 힘이 들어가고 숨을 내쉴 때에도 뱃가

죽이 등 뒤로 붙지 않고 모양이 유지되는가?

☐ 횡경막의 움직임을 충분히 느끼고, 작용하는 것을 느끼는가?

☐ 볼륨 10단계를 응용하여 자유롭게 말의 파도를 만들 수 있는가?

☐ 15초 동안 음성의 떨림 없이 '아~~' 하고 소리를 낼 수 있는가?

☐ 가장 편안한 자기 목소리 톤을 찾았는가?

☐ 목소리를 낼 때 코와 입 주변의 울림이 느껴지는가?

☐ 말할 때 입 모양을 크고 둥글게 만들 수 있는가?

☐ 복식호흡의 속도를 조절할 수 있는가?

---

* 1~3개: 다시 1주차 복습하기
* 4~5개: 미흡한 부분 반복 학습하고 2주차 시작하기
* 6~8개: 통과! 바로 2주차시작하기

WEEK TWO

파워 보이스를 위한
2주차 트레이닝·코칭

보이스 트레이닝 8
정확한 발음 훈련

다음 문장들을 정확한 발음으로 읽어보자.

📑 예문

① 들의 콩깍지는 깐 콩깍지인가 안 깐 콩깍지인가.

② 스투트가르트는 독일 남서부 바덴뷔르템 베르트주에 자리 잡고 있는 도시이다.

③ 과일 잼인 마멀레이드는 원래 마르멜로 열매로 만든 잼이란 뜻의 포르투갈어이다.

④ 모락모락 김이 나는 맛있는 만두를 말썽꾸러기 초복이가 혼자 다 먹어버렸다.

⑤ 북촌에 사는 서 씨가 서울특별시 서대문구에 사는 신 씨를 찾는다.

⑥ 고기를 조물조물 주물러서 약한 불에 지글지글 구워라.

⑦ 청동기 시대의 대표적인 수확도구인 반달돌칼은 장방형이나 삼각형이다.

⑧ 송이송이 하얀 눈송이가 지붕 위에 사뿐히 내려앉는다.

⑨ 소녀들이 랄랄랄라 랄랄랄라 노래를 부르며 춤을 춘다.

⑩ 초롱초롱한 눈망울을 가진 고양이가 주룩주룩 비가 내리는 창밖을 쳐다본다.

다음 글을 읽으며 말의 속도를 훈련하자.

① 내용을 숙지하며 편안하게 읽는다.

② 의미 단위별로 끊어 읽기 표시를 한 후 읽는다.

③ 자연스럽게 말하듯이 읽으면서 시간을 재본다. 다음 글은 대략
   30초에 맞춰 말하면 적당한 속도이다.

📑 예문

어린 시절부터 익힌 귀중한 삶의 교훈은 바로 내 삶에 책임을

져야 한다는 것이다.

우리 모두가 자신의 삶에 책임이 있다.

생각할 수 있으므로 행동 방식에 따라 스스로의 삶을 창조할

수 있다.

인종차별, 부모, 환경을 탓할 수 없다. 왜냐하면 환경이 현재의

당신을 만든 것이 아니라, 자기 스스로의 책임감이 현재의 당

신을 만들었기 때문이다.

이를 안다면 무엇이든 할 수 있다.

- 오프라 윈프리, 〈오매거진(OMagazine)〉 참고

목소리의 전달력을 높여라

커뮤니케이션에서 가장 중요한 것은 바로 '의사전달'이다. 의사가 정확히 전달되지 않은 상태에서 상대방이 내 말을 이해하고 공감하기란 쉽지 않은 일이다. 만일 당신이 부하 직원에게 업무를 지시하거나 고객에게 열심히 설명을 했다고 하자. 그때마다 "네? 뭐라고 하셨어요?"라고 매번 상대방이 되묻는다면 그처럼 난처한 경우도 없다. 당신은 되묻는 부하 직원에게 신경질적인 반응을 보일 테고 부하 직원은 어느 순간부터 되묻지 않고 어림짐작으로 일을 처리하게 될 것이다. 그리고 결과는 부서와 회사에 손실로 돌아온다. 대화에서 결정적으로 어필할 수 있는 포인트를 놓치는 상황도 생긴다.

대화 중 상대방이 "네? 뭐라고요? 다시 한 번 말씀해주시겠어요?"라는 이야기를 종종 듣는다면 당신의 발음이나 말의 속도에 문제가 있다는 것을 인식해야 한다.

목소리의 전달력이 낮은 이유

많은 사람에게 보이스 코칭을 하면서 느낀 점은 목소리가 잘 안 들리는 사람들이 많다는 것이다. 원래 목소리가 작은 사람도 있지만, 목소리는 큰데 상대방에게 잘 전달되지 않는 경우가 많다. 이런 사람들의 경우 공통점이 있다.

첫 번째, 소리를 정확하게 내는 데 필요한 근육의 양이 적다. 앞서 언급했듯 가죽이 늘어진 북에서는 절대로 멀리 퍼져나가는, 좋은 소리가 나올 수 없다. 팽팽하게 유지되어야 한다. 그렇다면 사람에게 있어서 이러한 역할을 하는 목소리는 어떻게 내야 할까? 우리 몸에 있는 북은 복식호흡 존, 즉 갈비뼈 아래부터 배꼽 아래 5센티미터 지점에 있다. 이 부위에서 기분 좋은 긴장감이 유지될 때 좋은 목소리, 잘 들리는 목소리가 나올 수 있다. 그러기 위해서는 끊임없이 복식호흡을 해야 하고 지속적인 훈련을 통해 단단하게 만들어야 한다. 느슨해지는 순간, 좋은 소리는 나오지 않는다. 반복하는 복식호흡으로 근육량을 늘려 나가면서 훈련을 지속적으로 해야 한다.

두 번째, 과도한 체중이다. 우리의 목소리는 단순히 성대의 떨림만으로 만들어지지 않는다. 목소리는 생각보다 많은 요소들이 결합해서 만들어지는데 체중이 늘어난 경우 소리가 나올 때 공명이 생겨난다. 공명이 있어 듣기에는 성량이 크고 잘 들리는 것 같지만, 목소리가 상대방에게 정확하게 전달되지 않는다. 경우에 따라 같은 공간에 있는 사람들의 머리를 울릴 정도로 너무 목소리가 웅웅거려서 듣는 것조차 힘이 들 수 있다.

체중만 줄여도 목소리는 바뀔 수 있다. 결국 목소리라는 것은 전체적인 몸의 균형이 유지될 때 좋은 목소리를 낼 수 있다.

세 번째, 부정확한 발음으로 소리가 명확하게 전달되지 않기 때문이다. 이는 특정 발음이 어렵다거나 잘못된 언어 습관 혹은 심리적인 문제일 수 있다. 발음은 메시지의 내용 전달뿐만 아니라 발표자의 신뢰에 큰 영향을 미친다. 웅얼거리며 발음하는 발표자에게 전문성과 신뢰를 느끼기 어렵다. 우리는 종종 유명인, 정치인들이 잘못 발음한 단어 하나로 오해를 사거나 우스운 사례로 거론되는 것을 보게 된다. 사소하게 보이는 발음 하나가 이미지 형성에도 큰 영향을 주는 것을 알 수 있다.

◁‧◁ 잘 들리는 목소리의 조건

정확한 발음을 만들기 위해서는 반복 연습이 중요하다. 문장을 한 음절 한 음절씩 정성스럽게 소리 내어 읽는 습관을 익힌다면 몰라보게 달라질 것이다. 그러나 더 중요한 것은 스스로 발음하는 모든 기관을 최대한 움직인다는 생각을 해야 한다. 평소 말할 때 입을 잘 움직이지 않고 최소한의 힘을 들이는 발음을 한다면, 당신의 목소리는 사람들에게 잘 전달되지 않는다. 누구나 알아들을 수 있도록 크고 또렷한 발음으로 말하기 위해 노력해야 한다. 그러다 보면 어느 순간, 명확하게 발음하는 달라진 자신의 모습을 만나게 될 것이다.

잘 들리는 목소리, 의사가 명확히 전달되는 목소리를 만들기 위한 조건은 무엇일까? 첫 번째, 정확한 발음으로 말하는 것이다. 그러기 위해서는 제대로 된 목소리로 말해야 한다. 여기에서 제대로 된 목소리를 낸다는 것은 단순히 소리를 내는 것이 아니다. 목소리가 나오기 위해서는 많은 발음기관들이 함께 움직여 소리를 내는데, 우선 혀, 입술, 턱, 얼굴 근육 등 발음기관들이 부지런히 움직여서 소리를 내게 된다. 따라서 이러한 발음기관들이 제대로 그 역할을 할 수 있도록 입을 크게 벌리고, 각 기관들이 제대로 된 소리를 낼 수 있도록 해야 한다. 즉 정확한 발음으로 말한다는 것은 발음기관이 제대로 소리를 낼 수 있도록 해야 하는 것이다.

쉽게 말해서, 말을 할 때는 입을 크게 벌리고 정확하게 말해야 한다. 이러한 인식이 없다면, 상대방은 당신의 목소리를 잘 듣지 못하는 경우가 많다.

두 번째, 자연스러운 호흡으로 말하는 것이다. 아무리 지적이고, 유명한 사람이라 할지라도, 뚝뚝 끊기는 호흡으로 강의하거나 대화한다면 당연히 전달력이 크게 떨어질 수밖에 없다. 전달하려는 의미와 전체적인 흐름도 매끄럽지 않다. 대화의 내용을 잘 전달하려면, 문장의 단위를 잘 나누어서 말해야 한다. 다시 말해, 문장을 의미 단위로 나누어서 말해야 한다. 그리고 하나의 의미 단위는 반드시 한 호흡으로 자연스럽게 말할 수 있어야 한다.

다음 예문을 보자. ①처럼 단어 단위로 잘게 쪼개어 말하면 듣는 사람에게는 그 의미가 쉽게 전달되지 않을 뿐만 아니라, 자연스럽게 들리지도 않는다. 하지만 ②처럼 하나의 의미 단위로 나누어 말한다면 명확하게 의미를 전달할 수 있고, 상대방 또한 내용을 파악하기 쉽다. 무엇보다 자연스럽게 들린다. 말을 한다는 것은 누군가 나의 이야기를 듣고 있다는 것이다. 그래서 물 흐르듯 자연스럽게 말하는 것이 중요하다.

---

① 저는/ 지난 / 25년간 / 부산에서 / 살았습니다.

② 저는 / 지난 25년간 / 부산에서 살았습니다.

세 번째, 말하는 속도를 조절해야 한다. 누구나 한번쯤 중요한 발표를 하려고 앞에 섰는데, 너무 긴장한 나머지 말이 점점 빨라져 당황했던 경험을 한 적이 있을 것이다. 발표할 때 유독 말이 빨라진다면 그 이유는 바로 호흡을 제대로 하지 않기 때문이다. 입안에 머금은 공기에 의존하는 얕은 호흡을 하며 말하기 때문에 말의 속도가 빨라지는 것이다. 이것이 복식호흡이 무엇보다 중요한 이유다. 복식호흡으로 숨을 깊게 들이마시고 내쉬면서 말해야 한다. 자신의 호흡을 느끼며 말하면 자연스럽게 속도가 늦춰진다.

지금까지 잘 들리는 목소리가 되기 위한 3가지 조건을 제시했다. 정확한 발음으로 말하기, 자연스러운 호흡으로 말하기, 적당한 속도로 말하기이다.

따라서 천천히 호흡하며 의미 단위로 문장을 나눠 말을 한다면 사람들에게 명확한 발음으로 자신의 목소리를 정확하게 전달할 수 있을 것이다. 대화 상대가 많든 적든 그들이 강연자의 말을 이해하며 들을 수 있는 속도로 말하는 것이 중요하다.

스타카토 발성법

◁-⑴⑾ 스타카토 발성하기 l

한 호흡에 한 음절씩 정확한 발음으로 강하게 발성한다. 만약 잘 되지 않으면, 한 음절을 길게 끊어서 발성한 후, 다시 한 음절씩 강하게 끊어 발성한다.

소리의 출발은 배에서부터 목소리를 튕겨내듯 해야 한다. 목으로만 발성하여 목이 상하지 않게 조심한다.

동~해~물~과~백~두~산~이~마~르~고~닳~
도~록

동. 해. 물. 과. 백. 두. 산. 이. 마. 르. 고. 닳. 도. 록.

동. 해. 물. 과. 백. 두. 산. 이. 마. 르. 고. 닳. 도. 록.

하. 느. 님. 이. 보. 우. 하. 사. 우. 리. 나. 라. 만. 세.

무. 궁. 화. 삼. 천. 리. 화. 려. 강. 산.

대. 한. 사. 람. 대. 한. 으. 로. 길. 이. 보. 전. 하. 세.

한 호흡에 한 음절씩 정확하게 발음하기

레. 코. 드. 로. 얄. 젤. 리.

뻐. 꾸. 기. 벽. 시. 계.

샴. 푸. 요. 정. 클. 라. 넷.

우. 클. 렐. 라. 랄. 라.

호. 요. 파. 셀. 리. 셀. 르.

슬. 로. 베. 니. 아. 셀.

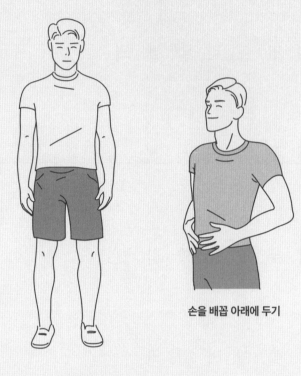

손을 배꼽 아래에 두기

어깨너비만큼 양발을 벌려 서기

① 어깨너비만큼 양발을 벌려 서고, 정면을 응시한다.

② 어깨와 목에 힘이 들어가지 않도록 몸을 이완시킨 다음 두 손을 배꼽 아래 5센티미터 지점 중심에 둔다.

③ 그 상태에서 아랫배를 튕기며 '아! 아! 아! 아!' 하고 한 호흡에 한 음절씩 끊어서 소리를 뱉는다.

④ 발성을 할 때는 3미터, 5미터, 10미터 순차적으로 목표물을 정

하고 목표물에 나의 소리가 모여서 꽂힌다는 생각으로 소리를

뱉는다.

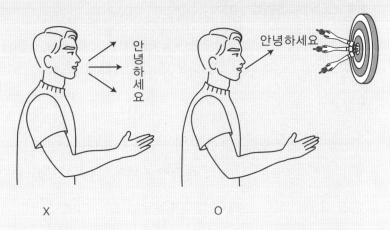

* 주변 사람들을 피곤하게 만드는 퍼지는 목소리, 목소리는 크지만 전달력은 떨어진다.
소리를 모으면 작은 목소리도 잘 전달된다.

강력하게 설득하라

◁‖‖ 스타카토 발음법

전달하고자 하는 단어, 강력하게 설득해야 하는 부분, 희망의 메시지 등에서 힘주어서 말할 수 있어야 당신이 이야기할 때 상대방이 지루해하지 않는다.

강의나 연설 등을 들어보면, 어떤 연사는 일정한 속도로 처음부터 끝까지 낮고 단조로운 톤으로 말해 청중을 매우 지루하게 만든다. 또 어떤 연사는 모든 내용을 강조하며 말해서 정작 중요한 부분이 와 닿지 않는다. 그리고 격앙된 목소리는 듣는 사람을 매우 피곤하게 만든다.

목소리 톤보다 중요한 것이 목소리에 변화를 주는 것이다. 목소리에 변화를 줄 수 있어야 대화를 할 때도, 노래를 할 때도 리듬감과 활력, 생동감이 생긴다. 그래야 듣는 사람들의 귀를 꽉 잡아둘 수 있다.

사람들은 자기 안에 어떤 목소리가 담겨 있는지 잘 모른다. 복식호흡을 통해 잠들어 있는 자신의 목소리를 꺼내야 한다.

음악 기호에 스타카토(staccato)라는 것이 있다. 스타카토가 붙어 있는 음표는 음의 길이를 줄여 짧게 연주하라는 뜻으로, 단조로운 선율에 변화를 주거나 특정 부분에 강조를 주기 위함이다.

목소리 훈련법에도 스타카토를 대입할 수 있다. 스타카토 훈련법은 말 그대로 한 음절씩 짧게 끊어서 소리를 뱉어내는 훈련이다. 얼굴 근육을 최대한 움직이면서 한 호흡에 한 음절씩 정확한 발음으로 강하게 발성해야 한다. 이때 중요한 것이 호흡으로, 배꼽 아래 5센티미터 지점에 힘을 주어서 목소리를 튕겨내듯 뱉어내야 한다. 어렵게 느껴진다면, 한 음절을 조금 길게 끊어서 발성해보자. 처음보다는 쉽게 발성할 수 있을 것이다. 이러한 훈련을 통해서 공중으로 흩어지던 목소리는 모이게 되어 상대방에게 더욱 명확하게 전달이 되고 발성에 필요한 말하기 근육이 생겨난다.

크래시아 발음 훈련

◁·╟ **크래시아 발음 훈련 I**

한쪽 다리 들고 하기

① 어깨너비로 다리를 벌리고 선다.

② 한쪽 다리를 살짝 들어 외발로 선다.

③ 배꼽 아래 5센티미터 지점에 손을 올려놓은 다음, 다시 숨을 들이마시고 뱉는다.

④ 숨을 들이마신 다음 '로'의 연음으로 "로오~" 하고 길게 밀어주듯이 발음한다.

⑤ 다시 숨을 들이마신 다음 '얄'의 연음으로 "야알~" 하고 길게 밀어주듯이 발음한다. 무게 중심이 잘 잡히지 않는다면 손으로 책상이나 의자 등을 잡아도 좋다. 하지만 한쪽 다리로만 서는 방법을 연마해야 한다.

◁·╟ **크래시아 발음 훈련 II**

허리 숙여 발음하기

① 바닥에 〈크래시아 발음 연습문〉을 놓는다.

② 일단 선 자세에서 배꼽 아래 5센티미터 지점에 한 손을 가져다 댄다.

③ 허리를 숙여 무게중심을 아래로 내린다.

④ 숨을 깊이 들이마시면 배가 나온 상태가 된다.

⑤ 배가 나온 상태에서 "로"를 내뱉듯 발음한다. 바닥에 "로"라는 단어를 밀어낸다는 느낌으로 숨을 다 쏟아낸다. 같은 방법으로 "알"을 발음한다.

> ※ 목이 편안하고 발성이 좋아지는 것을 느끼게 될 것이다. 그러한 감각을 허리를 펴고도 유지할 수 있게 연습을 한다.

◁-╼╾ 크래시아 발음 훈련법 Ⅲ

〈크래시아 발음 연습문〉을 보고 아래와 같이 훈련한다.

① 최대한 입 모양을 크게 하며 발음한다.

② 한 글자를 연음으로 읽어본다. 입술과 얼굴 근육을 최대한 움직여서 발성이 잘 되도록 풀어준다.

→ 로~오 ~ 야~알 ~ 마~악 ~ 파~아 ~ 싸~아 ~ 리~이 ~ 토~올 ~ 주~우 ~ 피~이 ~ 타~알 ~ 카~암 ~ 파~아 ~ 큐~우 ~ 으~을 ~ 와~아

③ 충분히 입이 풀리면, 이제 스타카토 발음 훈련법을 응용해서 한 글자씩 화살 쏘듯 뱉어낸다. 이때 충분히 나의 배가 튕겨지

는지 인식하며 읽는다. 발성에 필요한 복압을 만들며 소리를 모아준다.

→ 로! 얄! 막! 파! 싸! 리! 톨! 쥬! 피! 탈! 캄! 파! 큐! 을! 와!

④ 이번에는 주문을 외우듯 빠른 속도로 붙여서 읽는다. 혀의 움직임을 빠르게 움직여 이완시키면 정확한 발음을 하는 데 도움이 된다.

→ 로얄막파싸리톨쥬피탈캄파큐을와

이때 주의할 점은 빠른 속도로 발성할 때, 발음이 뭉개지지 않아야 한다.

이는 크래시아는 발성에 필요한 조음기관을 전체적으로 풀어주기에 좋은 방법으로 회의를 주재하기 전이나 고객을 만나기 전에 한 번씩 읽으면 효과적이다.

로얄 막파 쌰리톨

쥬피탈 캄파 큐을와

셀레우 아파쿠사

푸랜 마네푸 슈멘헤워제

깅강후리와 디다스코

바시레이아 게겐네타이

페레스테란 포로소 폰

파라클레세오스 쏘테라이스

카타루사이 마카리오스

에코루데산 디카이오수넨

플레로사이 아프스톨론

우라이노스 아휘엔타이

마법 같은 주문으로 목소리를 깨워라

🔊〰️ 크래시아 발음 훈련법

'크래시아 발성법'은 연극배우들이 즐겨 사용하는 훈련법으로, 무대에 올라가기 전에 크래시아 발성을 통해 발성기관의 긴장을 푼다.

연극배우들은 종종 발음하기 어려운 대사를 하며 막힘없이 연기해야 한다. 그래서 이 훈련은 발음 연습에 굉장히 효과적이다.

크래시아 발성법은 어려운 발음을 통해 조음기관을 자극하고 풀어주어 어려운 문장도 편안하게 발음할 수 있도록 도움을 주는 훈련법이므로, 입 모양을 크게 해주는 것이 중요하다. 입 전체를 움직여 소리를 내다 보면 입 근육 하나하나가 모두 시원해지는 것을 느낄수 있다.

보이스 트레이닝 11
사이렌 발성법

🔊〰️ 사이렌 발성 훈련

① 높은음 '아'와 낮은음 '아' 사이를 동그랗게 원을 그리는 발성 이미지를 떠올린다.

② 머리는 상하로 흔들리지 않게 고정하고, 온몸에 힘을 뺀 상태에서 발성한다.

③ "아~~~~아~~~~" 5초간 호흡을 전부 내뱉는다. (호흡의 길이에 따라 동그라미의 크기도 달라진다).

④ "아~~~~아~~~~ 아~~~~" 10초간 호흡을 전부 내뱉는다.

⑤ "아~~~~아~~~~ 아~~~~아~~~" 15초간 호흡을 전부 내뱉는다.

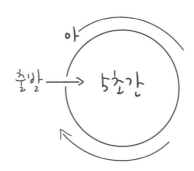

⑥ 충분히 동그란 느낌의 발성을 하고 있다고 생각하면, 이번에는 성량을 높여서 원형 계단을 밟아 올라가듯 높은음과 낮은음, 소리의 크고 작음을 추가하여 낮은음에서 높은음까지 동그란 느낌으로 발성을 한다.

⑦ 익숙해지면 위에서 아래로 내려오기 등 숨은 편안하게 쉬면서 반복 연습을 한다.

* 발성을 하면서 목이 아프다면 목으로만 소리를 낸다는 뜻이므로 다시 한 번 더 복식호흡을 의식하자. 항상 목소리의 출발은 배에서부터 출발한다는 것을 의식하고 습관화한다.

지치지 않는 목소리를 갖기 위한 발성법

몇 시간씩 이어지는 강의, 신제품 설명회, 군 작전 회의 등 끊임없이 커뮤니케이션을 해야 하는 자리에서 오랫동안 말을 해도 성대가 다치지 않고 잘 들리는 목소리가 유지될 수 있다면 어떨까?

이러한 목소리를 낼 수 있다면, 분명히 자신의 능력을 잘 표현해서 보여줄 수 있을 뿐만 아니라, 주변 사람들의 평가도 달라질 것이다. 이렇게 지치지 않고 잘 들리는 목소리를 유지하기 위해서는 어떻게 해야 할까?

◁·╢╟ 사이렌 발성

아침 일찍 중요한 회의나 거래처와의 프레젠테이션이 있다면 이 사이렌 발성법을 꼭 기억하자. 사이렌 발성법은 목에 부담, 자극을 주지 않고 좋은 목소리를 내기 위해 나의 목을 준비시키는 좋은 방법이기 때문이다. 흔히 목을 푼다는 말이 있는데 이때 짧고 강하게 헛기침을 하면서 목을 깨우려고 한다. 하지만 이러한 방법은 바르지 않은 방법이다.

짧고 강한 반복적인 헛기침은 오히려 성대에 자극을 주고 목을 잠기게 만든다. 심하면 목마름이나 이물감을 느껴서 시간이 지나면서 목소리가 탁해진다.

부드럽게 시작해서 동글동글 돌아가는 사이렌 발성은 잠들어 있는 목소리를 깨우고 성공적인 프레젠테이션을 하게 만든다.

◁-⩗ 발성 근육을 키우는 힘

잘 들리고 울림이 있는 좋은 목소리를 위해서는 복식호흡 존의 압력을 운용하는 것이 중요하다고 지금까지 반복해서 전했다. 사이렌 발성 훈련은 그중에서도 많은 배우와 가수들이 연습할 만큼 발성 근육을 강화하는 데 도움이 되고 중요하게 생각하고 있다.

낮은음에서 출발해서 부드럽게 점차 동그라미 사이렌을 만들어가려면 자연스럽게 마치 아침에 대변을 볼 때 아랫배 깊이 힘이 들어가는 것처럼 아랫배에 힘이 들어간다. 이처럼 배에 생기는 압력을 인식하고 느끼면서 반복적으로 동그라미 사이렌을 소리 내보자.

◁-⩗ 동그란 목소리의 필요성

우리가 흔히 주변에서 들을 수 있는 소리 중 하나가 사이렌이다. 민방위 훈련이나 긴급한 경우 들을 수 있는 이 소리는 정확하게 우리 귀에 들리고 멀리서도 잘 들린다. 이러한 사이렌 소리는 높은음과 낮은음이 끊어지지 않고 멀리까지 소리를 들을 수 있도록 전달한다. 사람이 사이렌처럼 목소리를 낼 수 있다면 말하고자 하는 내용을 정확하게 전달할 수 있을 것이다.

사이렌처럼 소리를 내기 위해서는 필요한 것은 무엇일까? 목소리가 동그랗게 나와야 한다. 흔히 발성학자들은 가장 좋은 목소리를 '동그란 목소리'라고 말한다. 동그란 목소리라는 것은 소리가 입에서 나올 때 직선으로 나오는 것이 아니라 동그란 모양을 그리며 나오는 것을 말한다.

1. 위로 올라가는 목소리(날카롭다)

　　↗
안녕하십니까

2. 일자로 말하는 목소리(지루하다)

　　→　　　→
안녕하십니까

3. 동그란 목소리(편안하다)

　　　하　　십
　녕　　　　　니
→ 안　　　　　까 →

　대부분 목소리가 동그란 경우보다는 말끝이 위를 향하거나 아예 일자로 아무런 어조 없이 이야기하는 사람들이 많다. 어조는 말의 가락이라 할 수 있는데, 즉 억양을 말한다. 동그랗게 말하는 사람의 어조는 물결을 타듯이 동그란 리듬을 탄다. 그래서 동그란 목소리를 내는 사람들은 대부분 문장의 종결어미 부분을 동그랗게 감싸 안으면서 끝을 맺기 때문에, 듣는 사람 입장에서는 편안하고 따뜻한 느낌으로 들린다. 이러한 목소리로 이야기를 하게 되면 단어와 단어 사이에 크고 작은 동그라미들이 생겨 훨씬 생동감이 넘치게 느껴진다. 하지만 무미건조하게 말하는 사람들의 어조에는 이러한 리듬감이 들어 있지 않기 때문에 생명력과 전달력이 약할 수밖에 없다.

　이렇게 동그란 목소리를 낼 수 있다면 사람들에게 풍성한 목소리로 지치지 않고 정확하게 자신의 이야기를 표현할 수 있을 것이다. 처음에 목소리를 동그랗게 낸다는 것은 쉽지 않다. 그렇기 때문에 목소리를 동그랗게 낸다고 의식하면서, 손으로 동그라미를 그리면서 익숙하게 소리를 내도록 연습해야 한다.

　동그란 목소리가 가능하다면 높은음과 낮은음을 연결해서 연속적으로 소리를 낼 수 있도록 발성연습을 해야 한다. 이것이 바로 사이렌 발성법이다. 반복적인 사이렌 발성법으로 연습을 한다면 지치지 않는 목소리를 낼 수 있다.

티슈 호흡법과 가갸거겨 발음 훈련

◁◦〰️ 티슈를 이용한 호흡 훈련

숨을 가득 채운 다음, 다 쏟아내고 다시 담을 수 있도록 호흡의 양을 키운다.

① 손에 휴지를 잡은 팔은 쭉 편 다음 "후~" 하고 불어준다.

② 이때 그저 입안의 공기로만 불지 말고, 배꼽 아래 5센티미터 지점에 숨을 가득 채우고 배에서 올라온 공기로 휴지를 분다.

③ 다시 숨을 들이마시고 "후~후~후~" 하고 분다. (10회 반복)

④ 다시 숨을 들이 마시고 "후~" 하고 외쳐본다.

⑤ 배에서 숨이 올라와 입을 통해 나가는 것을 느껴본다. 반복 훈련하며 호흡의 양을 늘려간다.

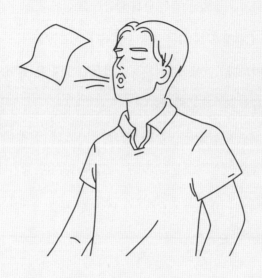

1. 후~ 하고 부는 공기를 불 때 공기가 퍼지지 않고 심지가 있는

   것처럼 모아지는 느낌으로 분다.

2. 반복적인 호흡 훈련은 호흡 과부화로 어지러울 수 있다.

   이럴 때는 무리하지 말고 잠시 쉬었다가 연습한다.

3. 뱃가죽이 탄력적으로 움직이는지 인식하며 연습한다.

◁‹‹ᴗ‹‹ 가갸거겨 발음 훈련 I

모음 읽기 연습을 통해 정확한 발음을 훈련한다.

① 먼저 배에 숨을 가득 채운 다음 '가'라는 말을 위로 끌어올리듯 뱉어보자. "가아~" 하듯 길게 발음한다. 같은 방법으로 마지막 모음인 "히"까지 발음한다.

② 각 모음을 발음할 때마다 반드시 입 모양을 크게 해야 한다.

③ 호흡 한 번에 "가"부터 "히"까지 모두 읽는다. 중간에 숨이 차서 멈추더라도, 중요한 것은 한 글자 한 글자 정성스럽게 발음하는 것이다.

◁‹‹ᴗ‹‹ 가갸거겨 발음 훈련 II

앉아서 하기

① 의자에 허리를 펴고, 엉덩이를 의자 안쪽까지 깊게 넣고 앉는다.

② 배꼽 아래 5센티미터 지점에 손을 올려놓은 다음, 숨을 마시고 내뱉는다. 이때 배 안에 풍선이 들어가 있다고 생각하자. 숨을 들이마시면 풍선이 부풀고, 반대로 내쉬면 풍선이 꺼질 것이다. (횡격막의 움직임과 작용을 느껴보자.)

③ 다시 숨을 들이마신 다음 "가~" 하고 10초 동안 발음한다. 중간에 끊지 않고 숨이 다 나갈 때까지 그대로 발음한다.

④ 다시 숨을 들이마신 후, 같은 방법으로 다음 단어인 "갸"를 발

음한다.

⑤ 같은 방법으로 '히'까지 발음한다. 10초보다 더 길게 발음할 수 있다면 20초, 25초, 30초에도 도전해보자.

〈가갸거겨 발음 연습문〉을 참고하여 연습한다.

※ 발성이 건강해지며 발음이 명확해지고 맑아지는 효과를 볼 수 있다.

◁·◰ 가갸거겨 발음 훈련Ⅲ

한쪽 다리로 서서 하기

① 어깨너비로 다리를 벌리고 선다.

② 왼쪽 다리를 살짝 들어 올린다. (무게의 중심이 아래로 향하듯 아랫배에 자연스레 힘이 들어가야 한다)

③ 배꼽 아래 5센티미터 지점에 손을 올려놓은 다음, 숨을 들이마시고 내뱉는다. 이때 배 안에 풍선이 들어가 있다고 생각하자. 숨을 들이마시면 풍선이 부풀고, 반대로 내쉬면 풍선이 꺼질 것이다. (횡격막의 움직임과 작용을 느껴보자)

④ 숨을 들이마신 다음 배를 빠르게 수축시키며 "가!" 하고 스타카토로 내뱉듯 발음한다.

⑤ 다시 숨을 들이마신 후, 같은 방법으로 다음 단어인 "갸"를 발음한다. (음가가 맑고 정확하게 나오는 것이 중요하다)

가 갸 거 겨 고 교 구 규 그 기

아 야 어 여 오 요 우 유 으 이

나 냐 너 녀 노 뇨 누 뉴 느 니

자 쟈 저 져 조 죠 주 쥬 즈 지

다 댜 더 뎌 도 됴 두 듀 드 디

차 챠 처 쳐 초 쵸 추 츄 츠 치

라 랴 러 려 로 료 루 류 르 리

카 캬 커 켜 코 쿄 쿠 큐 크 키

마 먀 머 며 모 묘 무 뮤 므 미

타 탸 터 텨 토 툐 투 튜 트 티

바 뱌 버 벼 보 뵤 부 뷰 브 비

파 퍄 퍼 펴 포 표 푸 퓨 프 피

사 샤 서 셔 소 쇼 수 슈 스 시

하 햐 허 혀 호 효 후 휴 흐 히

⑥ 같은 방법으로 "히"까지 연습한다.

🔊〰️ 가가거겨 발음 훈련IV

허리 숙여서 발음하기

① 바닥에 〈가갸거겨 연습문〉을 깔아놓는다.

② 서 있는 자세를 취한다.

③ 배꼽 아래 5센티미터 지점에 손을 올린 다음 허리를 숙인다.

④ 깊이 숨을 들이마신 후, 한 호흡에 한 음절씩 쏟아내듯이 발음한다.

⑤ 숨을 들이마신 상황에서 "가~아" 하고 내뱉는다. 바닥에 "가"라는 단어를 밀어낸다는 느낌으로 숨을 다 쏟아낸다.

⑥ 다시 숨을 들이마신 후, 같은 방법으로 다음 단어인 "갸"부터 순차적으로 발음한다.

⑦ 발성이 편안하게 나오고 소리에서 힘과 울림이 잘 느껴진다면 서서히 허리를 바르게 펴면서 동시에 감각을 유지하면서 발성한다.

‖┊ 포인트 ┊‖

◁·╢┈ 가갸거겨 발음 훈련법

① 통통 튀는 밝은 목소리로 생동감 있게 한 글자씩 읽어본다. 이 때 성문이 잘 붙어서 소리가 나는지를 의식한다.

② 종이를 앞에 대고 소리를 내어본다. 그러고 나서 구멍을 뚫어 놓고 그 소리가 구멍을 통과하도록 소리를 내본다. 소리가 퍼 져서 멀리 가지 못하고 얼굴 앞쪽에서만 맴돌던 소리가, 모여 서 멀리 나가는 것을 느낄 수 있다.

③ 배의 압력을 잘 이용해 빠른 속도로 읽는다. 빠른 속도에도 발 음이 정확하고 맑게 들리면 성문이 잘 붙고 있는 것이다.

④ 충분히 입이 풀리면 이제 스타카토 발음 훈련을 응용해서 한 글자씩 화살을 쏘듯 뱉어낸다. 이때 충분히 나의 배가 팅기며 소리를 내는지 인식하며 읽는다.

ex) 가. 갸. 거. 겨. 고. 교. 구. 규. 그. 기.

⑤ 충분히 입에 붙었다면, 우측에서 좌측으로 혹은 거꾸로 읽는 등 여러 방향으로 읽는다.

◁·╢┈ 가갸거겨 발음 연습문

발음이 잘 되지 않는 부분은 반복해서 정확하게 발음한다. 특히 ㅊ, ㅋ, ㅌ, ㅍ 부분을 집중해서 발음해보자.

가갸거겨고교구규그기

아야어여오요우유으이

나냐너녀노뇨누뉴느니

자쟈저져조죠주쥬즈지

다댜더뎌도됴두듀드디

차챠처쳐초쵸추츄츠치

라랴러려로료루류르리

카캬커켜코쿄쿠큐크키

마먀머며모묘무뮤므미

타탸터텨토툐투튜트티

바뱌버벼보뵤부뷰브비

파퍄퍼펴포표푸퓨프피

사샤서셔소쇼수슈스시

하햐허혀호효후휴흐히

　　대화하다 보면 발음이 꼬이거나 특정 단어에 자신감이 없어 웅얼거릴 때가 있다. 입안에서 웅얼거리는 사람들의 공통점은 ㅊ ㅋ ㅌ ㅍ 발음이 부정확하다는 것이다. 예문의 진한 부분을 더욱 정확하게 발음하도록 신경 쓰자.

맑은 목소리를 찾아라

🔊〰️ 가갸거겨 발음 훈련법

유독 목소리가 맑고 잘 들린다는 느낌을 주는 사람이 있다. 그런 목소리를 내는 이유는 여러 가지가 있겠지만, 가장 큰 이유는 소리를 낼 때 성문(聲門)이 잘 붙기 때문이다.

성문은 음성기관의 일종으로 후두의 두 성대(聲帶) 사이에 있는 삼각형 공간을 말한다. 이 성대 사이의 문을 성대성문 혹은 성문이라 한다. 성대 앞쪽은 방패 모양의 갑상 연골에 붙어 있고, 안쪽은 피라미드 모양의 피열 연골에 붙어 있다.

아래의 성대 그림을 보자. 정상적인 호흡을 할 때 성문은 첫 번째 그림과 같이 열려 있다. 무성 자음([f], [s] 등)을 발음할 때 성문의 상태도 이와 비슷하다. 두 번째 그림은 성문이 완전히 닫힌 상태, 성문 폐쇄음의 상태다. 성문이 닫히기는 했으나 탄력성이 있어서 그 사이로 공기를 내보내면 성대가 진동한다. 이때 성(voice)이 생긴다. 쉽게 말해 목소리가 나오는 상태다.

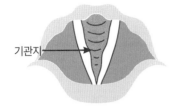

호흡 시 성대 모습

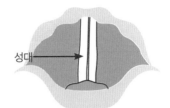

발성 시 잘 붙는 성대 모습

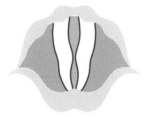

결절로 잘 붙지 않는 성대 모습

이렇게 성문이 제대로 역할을 해야 좋은 목소리가 생성된다. 성문이 잘 열리기 위해서는 평소 목 관리와 지속적인 발음 훈련이 답이다. 가장 큰 효과를 주는 연습이 바로 '가갸거겨 발음 훈련'이다. 매우 간단한 방법이지만, 발음 교정뿐만 아니라 얼굴 앞에서만 맴돌던 소리를 한곳으로 모아 잘 전달되게 해준다.

보이스 트레이닝 13
모음, 자음 발음법

◄))) 정확한 모음 발음 훈련

다음 예문을 소리 내어 읽고 스마트폰으로 녹음하여 들어본다. 모음을 읽기 전과 후의 목소리 변화를 비교해보자.

① 다음 예문을 소리 내어 읽는다.

② 예문에서 모음만 소리 내어 읽는다. 이때 정확한 발음을 인식하며 입의 움직임을 충분히 크게 움직이며 읽는다.

③ 다시 예문을 소리 내어 읽는다.

④ 모음을 읽기 전과 후의 녹음 파일을 들어보며 발음의 변화를 확인한다.

언젠가 TV 프로그램에서 어떠한 실험하는 것을 보았다.

외모가 준수하고 비슷한 키의 같은 옷을 입은 두 남자가 동일한 장소에서 같은 물건을 판매하는 모습이었다. 그런데 두 사람의 판매량이 달랐다. 그 비결은? 바로 목소리다!

우리가 크게 신경 쓰지 않지만, 목소리는 지금 이 순간에도 우리 일상생활에서 중요한 역할을 하고 있다. 특히, 비즈니스에서 목소리는 여러 상황을 바꿀 수 있는 중요한 요인으로 작용하기도 한다. 왜냐하면 목소리에는 우리의 생각이나 의식, 철학 등 지나온 삶이 그대로 녹아 있기 때문이다.

→ 어에아 이이 으오으애에어 어어아 이어아으 어으 오아아.

외오아 우우아오 이으아 이의 아으 오으 이으 우 아아아 오이아 아오에어 아으 우어으 아애아으 어이어아. 으어에 우 아아의 아애야이 아아아. 으 이여으 우어이어으아? 아오 오오이아.

우이아 으게 이여 으이 아이아, 오오이으 이으 이 우아에오 우이 이아애아에어 우요아 여아으 아오 이아. 으이, 이으이으 와예에어 오오이으 여어 아이 아와으 아우 우 이으 우요아 요이으오 아요아이오 아아. 왜아아여 오오이에으 우이의 애아이아 의이, 어아 으 이아오 아이 으애오 오아 이이 애우이아.

◁·◠◠ 혼동하기 쉬운 모음

① 'ㅏ, ㅣ'가 들어 있는 단어를 구별해 발음한다.

아기, 이마, 바지, 사다리, 다리미

② 'ㅗ, ㅜ'가 들어 있는 단어를 구별해 발음한다.

오리, 수영, 오빠, 우유, 노루

③ 'ㅓ, ㅡ'가 들어 있는 단어를 구별해 발음한다.

덕, 득, 털, 틀, 걸, 글

④ 'ㅑ, ㅕ, ㅛ, ㅠ'가 들어 있는 단어를 구별해 발음한다.

야구, 야외, 여우, 겨울, 요리, 효도, 유리창, 유치원

⑤ 'ㅐ, ㅔ'를 구별해 발음한다.

개, 게 / 배, 베 / 새, 세 / 모래, 모레 / 남매, 메주 / 셈, 샘 / 재발, 제발

*'애'는 '에'보다 입 모양이 크다.

⑥ 'ㅔ, ㅖ, ㅐ'를 구별해 발음한다.

에누리, 누에 / 예절, 무예 / 예, 얘 / 마파람에 게 눈 감추듯

전염병을 예방하려면 손을 깨끗이 씻어야 해.

*'에'와 '애'를 구분하는 가장 좋은 방법은 '에'보다는 '애'가 입 모양이 더

크다는 것이다.

⑦ 'ㅘ, ㅝ'를 구별해 발음한다.

　과학 / 과자 / 원두막 / 화단 / 권투 / 뭐든지 / 원수

　쏴 봐! / 사과해!

⑧ 'ㅚ, ㅟ'를 구별해 발음한다.

　왼쪽 / 위인

　우레 / 가위 / 위치 / 기회 / 외나무 / 두뇌 / 두더지

⑨ 'ㅚ'와 'ㅙ, ㅞ'를 정확하게 구별해 발음한다.

　외마디, 돼지 / 외삼촌, 왜 / 괴짜, 쾌유 / 외국, 왜곡 / 쇠고기, 왜가리 / 괴

　롭다, 괜찮다

⑩ 'ㅢ'는 3가지로 발음된다.

　– '의'로 발음: 의자[의자]

　– '의'와 '에'로 발음: 나의 의자 → [나의 의자] 또는 [나에 의자]

　– '의'와 '이'로 발음: 민주주의 → [민주주의] 또는 [민주주이]

　혼동하기 쉬운 자음 발음 3가지를 정확하게 이해하고 발음하자.

① 'ㄹ' 발음

　'ㄹ'발음을 영어 [R]이나 [L]로 발음하는 경우가 많다.

② 'ㅅ' 발음

　혀가 위쪽으로 올라가 영어발음 [th]가 되는 것이다. [th] 발음이 되지 않

도록 턱을 아래로 향하게 해 혀가 내려갈 수 있는 공간을 만들어 준다. '사과, 선생님, 실장님' 등에서 'ㅅ'발음을 할 때 혀가 이에 닿아서는 안 된다는 사실을 명심해야 한다.

③ 'ㄴ' 발음

'명랑하다'를 '면랑하다'로 잘못 발음하는 사람들이 의외로 많다. 'ㄴ' 발음과 'ㅇ' 발음을 헷갈려하는 것이다.

◁▥▥ 주의해야 할 발음

1. 헷갈리기 쉬운 발음을 따라 한다.
   ① ㄱ+ㄹ: 속리산[송니산], 백록담[뱅녹땀], 독립[동닙]
   ② ㄱ+ㅇ: 색연필[생년필], 학여울[항녀울]
   ③ ㄴ+ㄹ: 난로[날로], 신라[실라], 전라도[절라도], 대관령[대괄령],
          광한루[광할루]
   ④ ㄹ+ㄴ: 줄넘기[줄럼끼], 칼날[칼랄]
   ⑤ ㅂ+ㄹ: 왕십리[왕심니], 갑론을박[감노늘박]
   ⑥ ㅇ+ㄹ: 왕릉[왕능], 정리[정니], 동래[동내]
   ⑦ 예외 규정: 생산량[생산냥], 이원론[이원논], 공권력[공꿘녁]

   입원료[이붠뇨], 결단력[결딴녁], 임진란[임진난]
   동원령[동원녕], 상견례[상견녜], 횡단로[횡단노/휑단노]
   ※ 표준발음법 제20항에 보면 'ㄴ'은 'ㄹ'의 앞이나 뒤에서 [ㄹ]로 발음한

다는 규정이 있다(③ 참조). 다만, ⑦과 같은 단어들은 'ㄹ'을 [ㄴ]으로 발음한다는 별도의 규정이 있다.

2. 'ㄴ, ㅁ' 앞에 오는 받침의 말소리에 주의해 발음한다.

① 닥나무[당나무], 옷맵시[온맵씨]

② 함박눈[함방눈], 속마음[송마음], 끝물[끈물]

③ 예전에는 까막눈이 많았다고 한다.
[예저네는 까망누니 마낟따고 한다]

④ 옷에 먹물이 튀었다.
[오세 멍무리 튀얻다]

⑤ 솜털이 보송보송한 꽃눈을 물끄러미 바라보았다.
[솜터리 보송보송한 꼰누늘 물끄러미 바라보앋따]

⑥ 온 동네에 맏며느리 칭찬이 자자하다.
[온 동네에 만며느리 칭차니 자자하다]

⑦ 겁만 내고 있으면 되는 일이 없지 않겠니?
[검만 내고 이쓰면 되는 이리 업찌 안켄니?]

3. 받침 'ㄷ, ㅌ' 뒤에 'ㅣ'가 올 때 소리 변화에 주의한다.

굳이[구지], 맏이[마지], 미닫이[미다지], 같이[가치], 겉이[거치], 해돋이
[해도지], 샅샅이[삳사치]

* 받침 'ㄷ, ㅌ' 뒤에 'ㅣ'가 오면 'ㅈ,ㅊ'으로 바뀌는 음운현상을 구개음화
라고 한다.

4. 우리말에는 'ㄱ,ㄴ,ㄷ,ㄹ,ㅁ,ㅂ,ㅇ' 7개 자음만이 음절의 끝소리로 발음된다.
   책[책], 눈[눈], 낮[낟], 밖[박], 숲[숩], 닭[닥]

정확한 모음, 자음 발음 익히기

우리말은 19개의 자음과 21개의 모음으로 이루어져 있다. 그중 모음은 우리의 발음에 큰 영향을 미치는데, 종종 자신감이 부족하거나 사투리의 영향으로 모음이 변형되어 발음되기도 한다. 이럴 때 상대방이 정확하게 알아듣지 못하는 상황이 종종 발생한다. 모음을 정확히 발음해보면 입이 크게 움직이고 혀도 발음에 필요한 정확한 위치로 찾아가는 것을 느낄 수 있다. 조금 생소한 구강의 움직임일지라도 모음의 소리가 정확히 나오는 것에 집중해야 한다. 소리가 정확히 나온다면 거울을 보면서 연습하는 것이 좋다.

모음은 청각적으로 귀에 들릴 때 소음이 없는 소리이며 발성기관에서 자유롭게 통과되는 발음을 말한다. 반대로 자음은 귀에서 들릴 때 소음이 들리며, 공기의 흐름이 폐쇄되고 좁혀지면서 발음되는 경우를 말한다. 즉 자음은 혀와 치아, 입안, 입술에 의해 호흡이 방해받아 제한적으로 나오는 발음이다.

정확한 발음으로 말하지 않으면 상대방에게 소통은커녕 의사 전달도 할 수 없기 때문에 모음과 자음의 발음 훈련이 필요하다.

⊲‑⣿ 습관처럼 틀리는 발음을 잡아라

프레젠테이션을 하거나 소리 내어 글을 읽다 보면 다른 사람들이 발음하기에는 쉬운 단어인데, 유독 자신에게만 발음하기가 어려운 단어들이 있다. 틀리는 발음에 신경을 쓰거나 반복적으로 발음을 해봐도 오히려 어색해지기만 하는 경험이 있을 것이다. 그 자리가 고객에게 제품을 설명하는 프레젠테이션이거나 중요한 자리의 연설이라면 난감한 일일 것이다. 무대 경험이 많은 배우들은 쉽게 틀리는 단어를 발음할 때 순간적으로 아랫배에 힘을 준다.

그러면 신기하게도 자연스럽게 발음이 되는 것을 느낀다. 정확한 발음을 위해서는 입의 움직임과 조음기관의 역할이 매우 중요하지만, 그 바탕에는 바른 호흡을 통한 발성 근육이 필요하다.

모음체계도

혀의 앞뒤 / 입술의 모양 / 혀의 높이	전설모음		후설 모음	
	평순	원순	평순	원순
고모음	ㅣ	ㅟ	ㅡ	ㅜ
중모음	ㅔ	ㅚ	ㅓ	ㅗ
저모음	책		ㅏ	

1. 단모음

ㅏ	ㅓ	ㅗ	ㅜ	ㅡ	ㅣ	ㅐ	ㅔ	ㅚ	ㅟ
a	eo	o	u	eu	i	ae	e	oe	wi

2. 이중모음

ㅑ	ㅕ	ㅛ	ㅠ	ㅒ	ㅖ	ㅘ	ㅙ	ㅝ	ㅞ	ㅢ
ya	yeo	yo	yu	yae	ye	wa	wae	wo	we	ui

보이스 트레이닝 14
첫음절 잇 화법

◁♪〰 인상을 바꿔주는 첫음절의 마법

① 자신이 낼 수 있는 가장 낮은음으로 '도, 레, 미, 파, 솔, 라, 시, 도' 7음계를 원형계단을 올라간다는 느낌으로 이어서 부른다.

도~레~미~파~솔~라~시~도~

② 이때 편안하게 소리 낼 수 있는 음역대와 불편한 음역대를 느끼면서 점점 음역대를 높여간다.

③ "도~~~~" 하고 길게 소리 낸다. "도"의 음역대를 충분히 유지하면서 아래의 문장을 '도'음으로 시작하여 다섯 번 읽는다. 그 느낌을 적는다.

친애하는 임직원 여러분! 희망찬 새 아침이 밝았습니다.

④ "레~~~~" 하고 길게 소리 낸다. "레" 음의 음역대를 충분히 유지하면서 문장을 '레' 음으로 시작하여 다섯 번 읽는다. 그 느낌을 적는다.

⑤ "미~~~~"하고 길게 소리 낸다. "미" 음의 음역대를 충분히 유지하면서 문장을 '미' 음으로 시작하여 다섯 번 읽는다. 그 느낌

을 적는다.

⑥ "파~~~~"하고 길게 소리 낸다. "파" 음의 음역대를 충분히 유지하면서 문장을 '파' 음으로 시작하여 다섯 번 읽는다. 그 느낌을 적는다.

⑦ "솔~~~~" 하고 길게 소리낸다. "솔" 음의 음역대를 충분히 유지하면서 문장을 '솔' 음으로 시작하여 다섯 번 읽는다. 그 느낌을 적는다.

⑧ 자신에게 편안한 음역대가 있는지 확인한다. 이 훈련을 하고 나면 편안한 음역대와 불편한 음역대를 알 수 있다. 편안한 음역대가 본인이 사용할 수 있는 음역대이다. 또한 음역대에 따라 같은 문장이라도 느낌이 매우 달라지는 것을 알 수 있으며 이러한 것을 응용하여 상황, 장소, 대상에 따라 그에 맞는 첫음절을 쉽게 꺼낼 수 있게 도와준다.

◁ᴵᴵᴵ 기분 좋은 목소리 "잇" 화법 훈련법

"잇(it)"을 발음하면 입 꼬리가 올라가면서 목소리의 톤과 방향이 바뀐다. 자연스레 기분 좋은 목소리를 낼 수 있고, 밝은 표정을 지을 수 있다.

① 다음 예문의 각 문장 앞에 '잇'을 붙여 소리 내어 읽는다.

② 문장 앞에 "잇"을 발음하고 그 상태로 읽기를 반복한다. 익숙해지면 긴 문장이나 연설문 등을 통해 연습한다.

③ 문장 앞에 '잇'을 붙여 읽는 것이 익숙해지면, 이제 소리 내지 않는 "잇"을 하고 문장을 읽는다.

④ 자연스럽게 목소리와 표정이 바뀔 수 있도록 거울을 보고 반복 연습한다.

그냥 읽어보고 "잇"을 한 후 읽어보며 소리의 차이를 느껴보자.

1. "잇" 안녕하세요. ○○○입니다.

말씀 많이 들었습니다. 뵙게 돼서 반갑습니다.

2. "잇" 남의 것이라 커 보이는 것이지 내 것이 되면 작아 보입니다.

남의 것이라 좋아 보이는 것이지 막상 가져보면 별것 아닌 게 됩니다.

"잇" 사람들은 어리석게도 내가 가지고 있는 것은 작게 보이고 남이 가지고 있는 것은 크게 봅니다. 사실은 작은 것이라도 내 것이 더 소중한 것입니다.

3. "잇" 아무것도 보이지 않는 게 우리의 미래죠. 하지만 미래가 보이지 않는 건 그게 없어서가 아니라 너무 눈부시기 때문이랍니다. "잇" 학교는 우리의 미래가 태어나는 곳입니다. "잇" 전국 학교 곳곳, 맑은 햇살과 깨끗한 공기 속에 제자들과 함께하는 대화와 웃음이 가득하길 기원합니다.

호감 가는 첫인상을 만드는 방법

◁ᳮ 첫음절이 나의 첫인상을 만든다

첫인상은 정말 중요하다. 첫 만남부터 인상이 좋은 사람은 흔히 느낌이 좋다고 하니 호감이 가는 첫인상은 여러 부분에서 도움이 될 것이다. 반대로 첫 대면에서 차갑거나 냉정해보이거나 권위적으로 보이는 사람은 상대로 하여금 마음의 문을 슬며시 닫아버리는 부정적인 영향을 줄 수 있다. 그리고 그러한 이미지를 바꾸는 데 상당한 노력과 시간을 들이게 된다. 물론 외형적으로 전문가의 조언을 받아 따뜻한 느낌의 의상, 소품을 이용해 이미지를 연출할 수 있지만 지속적인 효과를 기대하기는 어렵다. 결국은 본질이 바뀌어야 하는 것이다.

반복해서 언급하면 목소리는 첫인상을 느끼는 요소 중 매우 중요한 역할을 한다. 누군가를 만났을 때의 첫음절은 그 사람의 기분을 바꿔 놓을 만큼 강력한 힘이 있다. 그리고 다행히 간단한 습관만으로도 기분 좋은 목소리를 만들 수 있다.

◁◈◀▷ 첫음절의 마법

아침에 만나는 누군가에게 건네는 인사, 그 첫음절은 나를 보여주는 브랜드이다. 특히 회사에서 리더가 건네는 첫인사는 그날 직원들의 분위기를 위해서 매우 중요하다. 리더가 사무실에 들어서면서 인사를 하는 직원에게 어둡게 묵직하고 낮은 어투로 대답한다면 사무실의 분위기가 어떻게 변할까? 어둡거나 퉁명스럽다고 느끼는 목소리가 특별한 것은 아니다. 우리가 어떤 생각에 잠겨 있을 때 혹은 무의식중에 종종 무표정으로 목소리는 건조한 느낌으로 나온다.

이러한 목소리는 의도와는 전혀 다르게 다른 사람들에게 부정적인 영향을 미친다. 그래서 아침에 누군가에게 받은 부정적인 느낌은 오전 내내 사람들에게 영향을 준다는 말이 있다.

혹시 "팀장님 어제 무슨 일 있었어?" 직원들은 괜히 신경이 쓰이고 눈치를 보며 사무실의 공기는 무거워질 것이다. 만약 이때 거래처에서 전화가 온다면 전화를 받는 사람은 결코 경쾌하게 전화를 받을 수 없다.

이것을 첫음절의 마법이라고 부른다.

사실 리더는 뭔가 기분이 나빠 있는 것이 아닐 것이다. 단순히 어제 만났던 고객과의 대화를 한 번 더 복기하는 중일 수도 있고, 오늘 주제하는 하는 회의내용에 대해서 생각 중일 수도 있다. 무심코 던지는 그날의 첫음절이 구성원들의 분위기를 바꿔놓을 수 있다는 것을 알아야 한다. 이것은 회사뿐만 아니라 가장 가까운 가족에게도 친구들에게도 정확하게 적용된다. 많은 사람을 만나는 직업이라면 이러한 상황을 인식하고 통제할 줄 알아야 한다. 회사에 들어서는 순간 경쾌하게 인사를 건네보자. 그날따라 사무실에는 첫음절의 마법으로 활기가 넘치게 될 것이다. 그만큼 목소리를 통한 감정 전이는 강력하고 빠르기 때문이다.

"잇" 입꼬리가 올라가면 목소리도 기분 좋게 올라간다.

WEEK TWO

□ 오랜 시간 발성하거나 낭독 연습을 해도 목에 부담이 없는가?

□ 첫음절에 신경을 써서 말을 하고 있는가?

□ 평상시에도 편안한 톤으로 말할 수 있는가?

□ 낭독 시 동그랗게 말을 하고 있는가?

□ 낭독 시 숨이 차거나 문장이 끊기지 않고 자유롭게 말을 하고 있는가?

□ 말을 할 때 복식호흡 존에 기분 좋은 긴장감이 유지가 되는가?

□ 모음과 자음을 정확하게 발음하고 있는가? (발음이 명확한가?)

□ 긴장을 풀 때 크래시아 발음법을 사용하고 있는가?

---

* 1~3개: 다시 2주차 복습하기
* 4~5개: 미흡한 부분만 반복 학습하고 3주차 시작하기
* 6~8개: 통과! 바로 3주차 시작하기

WEEK THREE

파워 보이스를 위한
3주차 트레이닝·코칭

보이스 트레이닝 15
감정 언어 연습

◁· ·〜 감정 싣기 훈련

다음 예문을 소리 내어 읽고 스마트폰으로 녹음하여 들어본다. 감
정에 따라 목소리가 어떻게 달라지는지 그리고 나의 목소리는 감정
을 명확하게 표현하고 있는지 들어보자.

◁· ·〜 연극대사 감정 싣기 훈련

연극대사의 내용에 맞게 감정을 실어 읽어보자.

① "안녕하세요"
　상냥하게
　당차게
　활기차게
　시큰둥하게

② "저를 좋아하세요?"
　놀라서
　느끼하게
　감동받아서
　못마땅하게

③ "무슨 일이 있겠어?"
　아무렇지 않게
　울먹이며
　힘차고 밝게
　숨죽이며

④ "이게 만 원이야?"
　기뻐하며
　실망하며
　놀라서
　분노하며

148

달리: 하늘.

저 멀리 지평선 맞닿는 저긴, 강이 흐르구요.

산등성이가 군데군데 있어요.

저 산등성이 아래서부터 여 아래까지는 주택가들이

쭉 이어져 있어요. 그리고 그중에서 저 주택…….

저기, 저 초록색 옥상 2층 집이요.

저긴 내가 좋아하는 사람이 살고 있어요.

여기 서서 보면 그 집 마당이 다 보여요.

저긴 아파트 상가 건물이 있어요. 상가 건물 따라서

여기 올라오는 길엔 나무들이 엄청 많아요.

이 나무들이 여름 되면 하늘 다 가릴 정도로 울창해지거든요.

그래서 더운 여름에도 아파트 올라오는 길이 하나도 힘들지 않

아요.

걷다가 하늘 보면 나뭇잎 사이로 비치는 햇빛이 진짜…….

그러다가 시원한 바람 불면, 나뭇잎들이 부딪히면서

사사삭 하는 소리를 내요.

여기 서 있으면 이 모든 게 다 보여요.

다 보여서

나는 여기 서 있어요.

뒤를 돌면 할머니 댁이에요.

(관객석 쪽을 가리키며) 거기선 할머니 집이 다 보여요.

달리, 난간을 넘어가 관객을 등지고 선다.

난간 앞으로 한 손을 뻗는다.

허공에 대고 손가락으로 그림을 그리듯 할머니 집 풍경을 묘사한다.

달리가 말하는 중간에는 다른 배우들이 등장해 공간에 필요한 소도

구들을 가져다 놓은 후 퇴장한다.

그리고 마지막으로 순자와 태준이 등장해 나머지 소품들을 가져다

놓는다.

- 이혜빈, 《지금도 가슴 설렌다》 중에서

청중을 사로잡는 1퍼센트 목소리의 비밀

◁‧‧⣿ 이야기를 맛있게 말하는 방법

말은 소통 수단이다. 말에 사용되는 목소리는 내용의 전달을 넘어 말하는 사람의 마음과 기분, 감정까지 전달한다. 감정 없이, 건조하다 못해 말라비틀어진 말하기는 상대방에게 자신의 생각이나 느낌을 잘 전달할 수 없다. 그렇다면 어떻게 말을 하고 어떻게 소리를 내야 하는 걸까?

먼저 스스로 자신이 하고 싶은 이야기에 몰입해야 한다. 그럴 때 정직하게 흘러나오는 감정들이 온몸으로 발산하게 된다. 전달하려는 이야기에 몰입하면 발표자가 먼저 말하는 재미에 푹 빠진다. 그를 보는 청중 역시 자연스럽게 이야기 속으로 초대된다.

◁‧‧⣿ 호응을 이끌어내는 방법

선택한 주제에 대해 발표자가 얼마나 이야기하고 싶어 하는지, 그때의 흥분과 느낌을 얼마나 고스란히 전달하고 싶어 하는지 솔직히 드러내야 비로소 청중의 호응을 얻을 수 있다. 그렇다면 호응을 얻어내기 위한 방법은 무엇일까?

첫 번째, 목소리에 색을 입히거나 감정을 싣는 것이다. 예전에 한 아이돌 그룹 멤버의 로봇 연기가 회자된 적이 있다. 아무런 감정 없이 극중 대사를 국어책 읽듯 읊는 모습이 사람들을 어이없게 만든 것이다. 감정을 싣지 않고 말하는 것이 웃음을 유발할 정도로 얼마나 어색하고 이상한지 알 수 있는 대목이다.

주변에 말 잘하는 사람들을 보면 감정 표현이 무척 풍부하다. 마치 그 상황 속에 있는 듯한 착각을 일으킬 정도로 말을 잘한다. 유심히 들어보면 가장 직접적으로 느낄 수 있는 것이 바로 '목소리'다. 이런 사람들은 말을 할 때 처음부터 끝까지 긴장을 늦추지 않고, 마치 하나의 악기를 연주하듯 목소리의 강약을 조절하며 말한다. 때로는 강력하게 호소하고, 잔잔하게 감동을 주기도 하고, 익살스럽게 이야기하기도 한다. 상황에 맞게 목소리를 연출하는 것이다. 목소리를 통한 감정 표현은 말의 생동감을 결정한다. 같은 내용이라도 어떤 감정을 실어 말하느냐에 따라 전혀 다른 느낌으로 다가온다.

두 번째, 온몸으로 감정을 표출하는 것이다. 당신은 말을 할 때 어떻게 표정을 짓는가? 한번 생각해보면, 내용과 상통하는 표정이 순간적으로 만들어졌을 것이다. 시각언어 중 가장 비중이 크고, 즉각적으로 감정이 읽히는 것이 바로 얼굴 표정이다.

'감정, 목소리, 표정'은 단짝친구처럼 늘 함께한다. 목소리 연기를 하는 성우들의 더빙 현장에 가보면, 결코 목소리만으로 연기하지 않는다는 것을 볼 수 있다. 대사와 함께 여러 가지 표정을 짓고 몸짓하는 흡사 연극 무대를 방불케 한다. 물론 더빙된 파일에는 성우들의 표정과 몸짓이 보이지는 않지만, 목소리에 고스란히 담겨 있다.

일상 대화를 생각해보자. 기분 좋은 이야기를 할 때와 화나는 이야기를 할 때, 표정과 제스처는 확연히 달라진다. 표정과 제스처는 목소리에도 변화를 준다. 예를 들어 반가운 사람을 만나 기쁠 때는 눈썹이 치켜 올라가면서 얼굴이 환해지고, 입꼬리가 올라가 웃는 표정이 만들어진다. 이때 자연스레 목소리도 한층 톤이 올라가고 밝은 목소리가 나온다. 반대로 심각한 분위기 속에서 상대방을 강하게 설득해야 할 때는 몸이 앞으로 숙여지고, 표정이 굳어지면서 눈과 미간에 잔뜩 힘이 들어간다. 이때 목소리 톤은 낮아진다.

자신의 감정을 온몸으로 표현하게 되면 대화와 발표가 조금은 쉬워진다. 다시 말해 자신의 감정을 목소리뿐 아니라 온몸으로 표현하면 말하는 것이 편해진다.

세 번째, 청중과의 공감을 극대화하는 것이다. 예를 들어 발표 내용은 하나의 스토리라고 할 수 있다. 대부분 스토리에는 따옴표 문장으로 표현되는 대화가 들어 있는 경우가 많다. 이때 따옴표 문장을 실감나게 표현하는 것이 청중의 공감과 상상력을 극대화시키는 방법이다. 뜨거운 반응을 불러일으키는 유명한 강사들의 퍼포먼스를 자세히 살펴보면, 늘 따옴표 문장을 잘 살린다. 예를 들어 남성 강사가 여성의 하이톤 목소리를 천연덕스럽게 흉내내기도 하고, 개구쟁이 어린아이의 목소리와 동작까지 곁들여 우스꽝스러운 연기를 선보이기도 한다. 마치 잘 짜인 연극 한 편을 눈앞에서 보는 듯하다.

◁‖‖ 감정이 목소리를 결정한다

청중을 사로잡는 목소리의 비결은 모든 것을 사용해 자신의 감정을 목소리와 함께 표현하는 것이다. 목소리를 낸다는 것은 단순히 목으로만 소리를 내는 것이 아니다. 감정에 따라 나오는 목소리가 다르다. 결국 청중을 사로잡는 목소리는 자신의 감정을 솔직하고 입체적으로 표현한 목소리다. 그 목소리가 청중의 공감을 이끌어낸다.

무대언어 연습

◁〰 신체언어 연습

① 아래의 예시된 단어들을 말하면서 신체언어로 표현한다.

② 거울을 보며 표정과 동작이 자연스럽게 연결되는지 확인한다.

③ 여러 번 반복한 후, 동일한 단어에 또 다른 신체언어로 표현해 본다.

1) 팔짱을 끼고 "그래 한번 이야기해봐"라고 말하는 것 같았습니다.
   → 팔짱을 낀 상태에서 머리를 살짝 뒤로 젖히고 눈을 가늘게 뜨는 연출만으로도 상대방의 심리 상태를 읽을 수 있다.

2) 문을 나서는데 하늘에서 첫눈이 내리고 있었습니다.
   → 문을 열고 나오는 손동작과 순간 환해지는 표정, 내리는 눈을 느끼기 위해 하늘을 향해 펴 보이는 손바닥만으로 첫눈의 설렘을 연출할 수 있다.

3) 연기가 자욱해서 눈이 따가웠습니다.

  → 미간을 찌푸리고 눈을 깜박거리는 행위만으로도 자욱한 연기가
    청중에게 전달된다.

4) 갑자기 머리가 아픕니다.

  → 미간을 찌푸리고 이마에 살짝 손가락을 대는 것만으로도 몸 상태
    를 연상시킨다.

5) 오랜만에 만난 친구와 반갑게 악수를 했습니다.

  → 크게 뜬 눈, 올라간 입꼬리. 힘차게 손을 내밀어 악수하는 것만으
    로도 상대방의 존재감이 입체적으로 보인다.

◁◈◾ 감정언어 연습

① 아래의 예시된 단어들을 말하면서 얼굴로 감정을 최대한 크게
  표현한다.

② 거울을 보며 표정이 어떤지 확인한다.

③ 여러 번 반복하여 연습한다.

귀엽다.	놀랍다.
시큼하다. 배고프다.	향기롭다.

※ 감정을 표현할 때 50을 표현하고 싶으면 내가 느끼는 감정으로 70~80으로 표현을
  해야 한다. 본인이 느끼기에는 다소 과하게 표현하는 듯하지만 70~80으로 표현해야
  만 청중은 50으로 느끼는 경우가 대부분이다.

◀◾ 스토리텔링으로 목소리 연출 연습

① 나만의 스토리텔링을 적어본다.

② 3가지 언어(음성언어, 감정언어, 신체언어)를 이용하여 맛있게 연출해보자.

③ 미리 준비한 이야기로 갑작스러운 강연이나 모임에서 자신감 있게 돋보이자!

◀◾ 자신의 경험담을 스토리텔링해보자.

다른 사람에게 들은 이야기보다 자신이 직접 겪고 느낀 이야기에 더욱 힘이 있다. 3~5분 분량의 스토리가 좋다. 다음 질문에 대해 스토리텔링으로 답변해보자.

1) 그 일이 결정적으로 성공 할 수 있게 내가 기여했던 일은 무엇입니까?

2) 실패를 통해서 얻은 교훈은 무엇이었습니까?

3) 살아오면서 가장 뿌듯했던 순간은 언제였습니까?

4) 살아오면서 자부심을 느꼈던 순간은 언제였나요?

상상력을 자극하는 감각 언어

　어느 날 감기에 걸려서 콧물을 훌쩍거리는 큰아이를 데리고 병원에 다녀오려는데 아내가 집 앞이 아닌 굳이 멀리 떨어진 병원을 다녀오라고 한다. 집 앞에도 병원이 많은데 왜 하필 멀리 있는 병원으로 가야 하는지를 물으니 요즘 그 병원이 엄마들 사이에 입소문이 대단하단다. 큰 병도 아니고 감기라면 2~3분 안에 끝날 진료와 병원마다 비슷한 약이 처방될 텐데 꼭 그 병원으로 다녀오라는 주문에 투덜거리며 코트를 걸쳤다.

　"이렇게 추운데 멀리 있는 병원으로 다녀오라니!"

　병원에 도착하니 맛집에서나 볼 수 있는 대기하는 사람들로 가득했다. 번호표를 뽑고 대략 한 시간을 기다리다 보니 슬슬 기다림의 한계가 오고 있었다. 그러면서 한편으로는 얼마나 대단한 의술을 가진 의사일지 기대가 되었다. 드디어 차례가 돌아와서 진료실로 들어가니 환자들이 많이 찾는 비결을 바로 느낄 수가 있었다.

　"이런 목소리가 사람을 모으는 목소리구나. 왜 엄마들 사이에 입소문이 나는지 알겠다."

　첫 번째는 진료실로 들어서는 순간 아이에게 정말 반갑게 인사를 건네면서 공간에 대한 두려움을 없애주는 것이고, 두 번째는 상태를 설명해주는 목소리에 확신이 있다는 것이다. 단순 감기지만 지금 상태와 약을 복용하면 어떻게 될 것이고 며칠 뒤면 깨끗하게 나을 거라는 설명을 그처럼 시원하게, 그리고 확신을 가지고 설명해주는 의사를 만난 적이 없는 것 같다. 같은 것도 다르게 느끼게 해주는 목소리의 힘!

집으로 향하면서 생각해 보았다. 나는 오늘 어떤 목소리로 사람들을 만났을까?

그러면서 단골 약국에 들어서면서 반갑게 인사를 했다.

"안녕하세요. 오늘 날씨가 많이 춥네요!"

요즘 텔레비전을 보고 있으면 한 채널 건너 각 분야 전문가들이 많은 주제를 가지고 강연을 하는 것을 볼 수 있다. 인터넷이나 SNS에서는 생각지도 못한 주제들을 가지고 수많은 강연이 이루어지고 있다.

아마 이 글을 읽고 있는 독자들도 회사에서 혹은 출퇴근길에 스마트폰을 이용해서 많은 강연을 접할 텐데, 올해 들었던 강연 중 기억에 남는 것이 있다면 그 이유는 무엇일까?

◁・◠ 기억하게 하려면 재미있고 맛있게

지금 떠오른 강연들은 몇 가지 공통점이 있을 것이다. 나에게 영감을 주거나 감동적이거나 내가 처한 상황을 속 시원하게 긁어주는 이야기들, 누군가가 나를 알아주고 같은 이야기를 나누면서 웃고 손뼉치고 공감하는 사이에 우리는 그런 이야기에서 위로를 받으며, 그 시간을 오랫동안 기억한다. 한국사, 미술사, 인문학, 의료, 정치, 스포츠, 부동산, 문학, 세계사 등 저마다 기억하는 주제는 다르지만 기억에 남는 이야기, 그 안에는 강력한 공통점이 하나 있다. 바로 이야기를 재미있고 맛있게 한다는 것이다.

아무리 좋은 주제가 있어도 이야기를 표현하는 방법이 능숙하지 못하거나 스토리텔링을 제대로 살리지 못한다면, 결코 맛있는 이야기가 될 수 없다. 어쩌다 방문한 시청자들에게 흥미를 주지 못하고, 단순히 정보만 나열하는 스피커의 강연이라면 아무도 귀 기울이지 않을 것이다.

강연이나 PT 발표 등은 기본적으로 정보를 말로 전달하는 것이라 할 수 있다. 이때 말을 맛있게 전달하려면 약간의 연출이 필요하다. 물론 우리가 알고 있는 배우와 같은 연기력을 말하는 것이 아니다. 누구나 몇 가지 요소만 기억한다면 어렵지 않게 이야기를 맛있게 연출할 수 있으며, 스피커로서 그 효과는 크다고 할 수 있다.

◁•◠◠ 맛있는 이야기를 하기 위해 필요한 것들

이야기를 맛있게 하기 위해서 필요한 것은 무엇일까?

첫 번째로는 음성언어, 두 번째로는 감정언어, 세 번째로는 신체언어다. 이것을 무대언어라고 한다.

나른하고 따분한 스피커라도 무대언어를 살짝 첨가하면 강연장의 분위기는 밝아지고 청중은 집중하기 시작한다. 인기가 많은 스타강사들을 관찰해보면 이야기를 맛있게 만들어주는 음성언어, 감정언어, 신체언어를 적절히 자신만의 감각으로 버무려 사용하는 것을 볼 수 있다.

3가지 언어를 골고루 사용할 수 있다면 나른하게 강연장에 앉아있는 청중들도 당신에게 몰입하기 시작하고 강연이 끝날 때는 뜨거운 박수를 보낼 것이다.

◁·╌╎╎·╌ 음성언어

먼저 음성언어에 대해서 알아보자.

음성언어라고 하는 것은 목소리에서 묻어 나오는 모든 복합적인 느낌을 말한다. IT 기술과 4차 산업을 설명하면서 어미를 반복적으로 길게 끈다면 전문가다운 느낌을 갖지 못하게 될 것이다. 또한 사랑스러운 이야기를 탁하고 갈라진 목소리로 이야기한다면 이야기에 몰입할 수 없을 뿐만 아니라 그 내용의 감동도 충분히 전달받지 못할 것이다. 그래서 올바른 호흡법과, 성량, 억양, 톤, 속도, 발음 등 발성에 필요한 많은 부분을 신경 쓰고 연습해서 좋은 목소리로 관리해야 한다. 예를 들어 "좋아해"라는 단어를 말할 때 말하는 사람의 목소리에 따라 그 단어의 의미를 넘어서, 느낌까지 충분히 전달할 수 있다.

그리고 음성언어에 있어서 중요한 것은 이야기를 어떤 방식으로 전달하느냐 하는 것이다. 사람들이 열광하는 스피커의 강연은 싱싱한 활어가 팔딱거리듯 생동감이 있다. 더불어 청중들이 인식하지 못할 만큼 순간순간 '이야기를 연기'한다.

이야기를 잘 연기한다는 것은 청중들이 경계심을 풀고, 자신도 모르게 강연자의 이야기에 시간 가는 줄 모르고 집중한다는 것이다.

그렇다면 사람들 앞에서 이야기를 할 때 가장 필요한 것은 이야기에 담겨 있는 스토리텔링일 것이다. 여러 가지 내용이 담겨 있는 이야기를 하나의 스토리로 연결하여 중요한 순간들을 생동감 있게 살려냈다면 살아 있는 강연이 될 것이다. 더불어 이야기에 등장하는 물건(동물)이나 인물의 언어적 습관, 행동 등을 모방하여 청중에게 들려줌으로써 이야기의 재미를 더하는 따옴기법을 사용한다면 청중들에게 살아 있는 이야기를 전달하게 될 것이다.

◁•∿ 감정언어

다음으로 감정언어에 대해 살펴보면, 같은 주제라도 말하는 사람이 감정언어를 어떻게 활용하느냐에 따라 듣는 사람들의 집중도와 반응은 엄청난 차이를 보인다. 여러 가지 이유가 있겠지만 지루한 강연은 대부분 감정이 메말라 있는 느낌이 든다. 반면 청중과 소통하는 강연은 감정이 역동적이라 할 수 있다.

"순간 숨이 막혔습니다."

위 문장을 소리 내어 읽어 보자. 읽는 사람에 따라 여러 가지 느낌으로 들릴 텐데, 단순히 문장이 지닌 의미만 전달이 되었다면 당신의 말을 듣는 청중은 훨씬 더 지루할 것이다. 청중을 즐겁게 몰입시키기 위해서는 문장이 지닌 의미를 넘어서 문장과 단어가 가진 감정과 느낌을 전달해야만 한다. 이것이 바로 감정언어다.

물론 감정을 한껏 실어 말을 한다는 것은 매우 어색한 일이다. 그것은 다른 사람의 시선을 너무 의식해서 그렇다. 내가 어색하면 보는 사람도 어색하기 마련이다. 하지만 내가 당당하면 보는 사람들도 자연스럽게 그 이야기에 몰입한다.

여기서 중요한 것은, 이야기를 전달할 때 그 속의 감정언어들이 섬세해질수록 청중들의 눈은 반짝이면서 당신의 이야기에 빠져든다는 것이다.

누군가에게는 지루하다고 느낄 수 있는 주제라도 어떤 사람은 강연에서 지루한 역사를 살아 숨 쉬게 하고, 그 현장에 있는 것처럼 가슴을 뛰게 한다. 하지만 어떤 강연자는 그냥 옛날이야기를 전달하는 학문 전달자에 지나지 않는다.

감정언어는 어떻게 시작되는 것일까?

좋은 감정언어는 기본적으로 단어가 가지고 있는 의미를 충분히 느끼고 표현하기 시작하는 것에서부터 출발한다. 사람들마다 감정을 표현하는 깊이나 방법은 다르지만 다음의 단어와 문장들을 자신이 표현할 수 있는 가장 큰 감정으로 표현해보자. 이때 거울을 보면서, 단어들을 표현할 때 나의 얼굴은 어떻게 변화하는지 살펴보자. 꼭 가장 큰 감정의 폭으로 표현을 해야 한다. 거울에 비친 나의 모습이 우스꽝스럽게 보일지 모르지만, 감정 표현을 끝까지 해봐야 나를 알 수 있다. 그래야 나의 표현 능력도 다양해지며 이야기에 점점 다양한 색깔을 묻힐 수 있다.

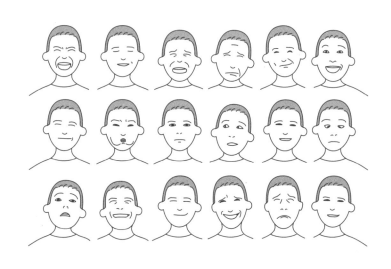

단어들을 표현할 때 얼굴 변화

아름답다. 시원하다. 따뜻하다. 시큼하다. 웅장하다.

아프다. 짜증난다. 뜨겁다. 배고프다. 따갑다.

철저한 신용관리, 신용, 책임지고, 어떤 일이 있어도

존경합니다. 사랑합니다. 수고하셨습니다. 할 수 있습니다.

◁◦╫╾ 신체언어

마지막으로 신체언어는 강연장, 사람들 앞에 서는 것부터 손짓, 고개를 돌려 바라보는 행위, 걷는 것 등 모든 신체의 움직임을 말한다. 우리가 흔히 '서 있다'라고 표현하는 행위가 참 쉬워 보이지만, 그 '서 있다'라는 단순 행위만으로도 많은 의미를 담을 수 있다. '서 있다'는 행위가 어떠한 상황에서 이뤄졌는지에 따라 그 의미가 많이 달라지기 때문이다.

예를 들어 "바쁘신 와중에 제 강연을 찾아주셔서 진심으로 감사합니다"라고 인사하면서 짝다리로 서 있거나, 고개가 벌써 자료화면을 비추고 있는 스크린에 가 있다면, 그 누구도 강연자의 인사말에 동의하지 않을 것이다. 그 강연이 시작되기도 전에 많은 청중의 마음이 떠날 수도 있다.

이것이 신체의 언어이며, 작은 행위 하나가 청중의 상상력을 자극한다.

다음 문장을 읽으면서 신체언어가 주는 느낌을 한번 느껴보자.

"저는 마지막이라는 생각으로 상품을 챙겨 들고 아침부터 저녁까지 종로 일대의 모든 건물을 방문했습니다. 하지만 그 누구도 제 상품에 대한 설명조차 듣지 않으려 했습니다. 결국 밤 9시가 조금 넘어 조그마한 사무실로 돌아왔습니다."

위의 문장에서 주인공은 두 번 걷는 행위가 표현된다. 한 번은 마지막이라고 생각하고 절박함에 걷는 가장의 부지런한 걸음과 하나도 팔지 못하고 늦은 시각 사무실로 돌아오는 무거운 걸음이다. 이때 사무실로 들어서는 무거운 발걸음에 어깨까지 쳐져 있다면 허탈한 가장의 느낌이 고스란히 청중에게 전달될 것이다.

여기에서 이러한 신체언어들은 실질적으로 청중에게 이미지로 연상되고 그 느낌을 고스란히 전달받음으로써 주인공의 상황을 공감하며 입체적으로 느끼게 되는 것이다.

이렇게 신체언어를 잘 활용하는 강연자는 강연장을 순식간에 상상의 공간으로 만들어버린다. 물론 마임배우들처럼 신체언어가 뛰어날 필요는 없다. 때로는 작은 손동작만으로도 청중을 당신이 원하는 공간으로 순간 이동시키기도 한다.

〰〰 이야기와 연결시켜라

이때 중요한 것이 있다. 신체언어로 만들어내는 동작들이 이야기
와 연결되어야 한다.

회사 워크숍으로 지리산에 갔을 때 사진을 찍다가 그만 길을 잃어
버리고 말았습니다. 한참을 헤매며 갈대숲을 헤치며 가는데,
당황한 표정으로 두리번거리는 것만으로도 이야기의 재미와 입체감
은 더욱 올라간다.

아니, 글쎄 거래처 사장님께서 저보고 그 무거운 A4 상자 두 박스를
들고 따라 올라 오라는 거예요. 그래서 일단 들고 올라갔죠.
구부정한 자세로 무거운 박스를 힘겹게 들어 올려 걷는 모습에서 듣는
사람 또한 함께 무게감을 느끼게 해준다.

행여나 힘을 주면 다칠까봐 아들이 병아리 한 마리를 두 손에 감싸 들고 집으로 왔습니다.

손안에 조심스러운 것을 쥐게 되면 눈빛부터 달라진다. 그리고 어깨에는 긴장감이 들어가서 이야기를 듣는 사람들의 상상력을 자극한다.

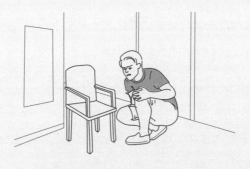

약속 시간에 늦지 않으려고 급히 뛰어나가다 그만 의자에 부딪치고 말았습니다.

고통스러운 표정은 순간을 표현하고 누구나 비슷한 경험을 떠올리며 공감을 얻어낸다.

"남포동에서 영화제한다카대요."

평소처럼 장사 준비를 하던 저는 주방 아저씨의 말에 귀가 쫑긋했지만 애써 관심 없는 척 애꿏은 바닥만 닦았습니다. 내 처지에 영화제에 관심을 가지면 안 될 것 같았거든요.

계속해서 관심 없는 척하려 해도 도저히 그럴 수가 없었습니다.

2년 가까이 중국집 배달원으로 누비는 국제시장이 그동안 느낄 수 없던 기대감으로 가득 차 있었거든요. 만나는 상인들마다 영화제로 인해 국제시장도 관광객이 넘칠 거라며 흥분해 있었어요.

영화제를 위해 건물을 다시 짓고 전봇대를 뽑아냈으며 축제에 어울리는 가로등을 설치했습니다. 지역 전체가 영화제로 한껏 들떠 있었고 중국집 식구들이며 손님들이 모두 영화제 이야기뿐이었습니다.

가로등이 뽑히고 건물이 올라가도 저는 배달이 우선이었고, 애써 무관심한 척하는 것이 저에게도 편했습니다.

나는 그날도 어김없이 스쿠터를 타고 배달을 하고 있었습니다. 그런데 그때 최고급 승용차였던 그랜저가 뒤에서 경적을 울리더니 갑자기 내 앞으로 사람들이 몰려들었고 꼼짝없이 인파에 갇힌 나의 머릿속에는 빨리 배달해야 할 짜장면 생각뿐이었습니다.

짜증 섞인 얼굴로 돌아본 그랜저가 멈추고 차량 주변으로 무전기를 든 검은 옷을 입은 남자 넷이 둘러싸더니. 한 여자가 손을 흔들며 내렸습니다.

"전도연이다!"

무엇인가에 홀린 듯 인파를 뚫고 어렵사리 무대 가까운 곳에 도착했습니다 스쿠터 위에서 퉁퉁 붇고 있을 짜장면도, 짜장면을 주문한 만물상회 주인의 호통도, 주인아저씨의 꾸중도 잠시 다 잊고 있었죠.

무대 위에서 그녀가 환히 웃고 있었고 수많은 사람이 그녀를 바라보며 환호했습니다. 그녀는 그저 말없이 웃으며 손을 흔들고 있을 뿐이었지만 나는 그녀의 목소리를 들었습니다.

"진선아, 어서 무대 위로 올라와!"

"이 쌍놈의 새끼야, 내가 니 때문에 짜장면을 몇 번 만들었는지 아나?"

가게에 들어서자마자 주방장의 커다란 국자가 머리를 내리쳤습니다. 국자에 남아 있던 짜장 양념이 머리며 얼굴에 이리저리 함부로 튀었습니다.

엄청 아팠죠. 주방장은 내가 돌아오지 않자 재차 독촉을 받고 짜장면을 몇 번이나 버리고 다시 만들었으니 화가 날 만도 했습니다. 휴대전화가 없던 시절이라 방도가 없었거든요. 그래도 웃음이 나오려는 것을 겨우 참으며 한 대 더 얻어맞기 전에 얼른 짜장면을 챙겨 나왔습니다.

시원한 바람을 맞으며 스쿠터를 힘차게 당겼습니다.

그리고 결심했습니다.

"언젠가 나 이진선은 배우 전도연과 한 무대에 설 테다."

가슴이 뻥~ 뚫리는 느낌이었습니다.

위 예문에서 신체언어와 감정언어를 연결시켜 표현해보자.

"남포동에서 영화제한다카대요."

→ 무심히 툭 뱉어내는 주방장의 사투리를 따옴기법으로 연출한다.

평소처럼 장사 준비를 하던 저는 주방 아저씨의 말에 귀가 쫑긋했지만 애써 관심 없는 척 애꿎은 바닥만 닦았습니다. 내 처지에 영화제에 관심을 가지면 안 될 것 같았거든요.

→ 표정, 몸, 말에 힘이 빠져 있어서 안타까운 느낌을 준다.

계속해서 관심 없는 척하려 해도 도저히 그럴 수가 없었습니다. 2년 가까이 중국집 배달원으로 누비는 국제시장이 그동안 느낄 수 없던 기대감으로 가득 차 있었거든요. 만나는 상인들마다 영화제로 인해 국제시장도 관광객이 넘칠 거라며 흥분해 있었어요.

→ 활기찬 시장의 공기를 묘사하듯 경쾌하게 표현한다.

영화제를 위해 건물을 다시 짓고 전봇대를 뽑아냈으며 축제에 어울리는 가로등을 설치했습니다.

→ 신체언어로 올라가는 건물, 뽑히는 전봇대를 표현한다.

지역 전체가 영화제로 한껏 들떠 있었고 중국집 식구들이며 손님들이 모두 영화제 이야기뿐이었습니다. 가로등이 뽑히고 건물이 올라가도 저는 배달이 우선이었고, 애써 무관심한 척하는 것이 저에게도 편했습니다.

→ 다시, 활기찬 시장의 공기를 묘사하듯 경쾌하게 표현한다.

나는 그날도 어김없이 스쿠터를 타고 배달을 하고 있었습니다. 그런데 당시 최고급 승용차였던 그랜저가 뒤에서 경적을 울리더니 갑자기 내 앞으로

→ 무덤덤하게. 늘 그랬던 일상을 이야기하듯.

사람들이 몰려들었고 꼼짝없이 인파에 갇힌

→ 손을 뻗어 사람들이 모이는 모습을 표현한다.

나의 머릿속에는 빨리 배달해야 할 짜장면 생각뿐이었습니다.

→ 다시, 무덤덤하게. 늘 그랬던 일상을 이야기하듯.

짜증 섞인 얼굴로

→ 미간을 찌푸린 표정. 감정언어로 전달한다.

돌아본 그랜저가 멈추고 차량 주변으로 무전기를 든

→ 영화에 나오는 멋있는 경호원처럼 연출한다.

검은 옷을 입은 남자 넷이 둘러싸더니. 한 여자가 손을 흔들며 내렸습니다.

→ 신체언어로 포즈를 취하고 긴장감을 조성한다.

"전도연이다!"

→ 놀라는 표정과 동작을 취한다.

무엇인가에 홀린 듯 인파를 뚫고 어렵사리 무대 가까운 곳에 도착했습니다 스쿠터 위에서 퉁퉁 불고 있을 짜장면도, 짜장면을 주문한 만물상회 주인의 호통도, 주인아저씨의 꾸중도 잠시 다 잊고 있었죠. 무대 위에서 그녀가 환히 웃고 있었고 수많은 사람들이 그녀를 바라보며 환호했습니다. 그녀는 그저 말없이 웃으며 손을 흔들고 있을 뿐이었지만 나는 그녀의 목소리를 들었습니다.

→ 무엇인가에 홀린 듯 황홀하게 표현한다.

"진선아, 어서 무대 위로 올라와!"

→ 따옴기법으로 천천히 말한다.

"이 쌍놈의 새끼야, 내가 니 때문에 짜장면을 몇 번 만들었는지 아나?"

→ 날카롭고 신경질적으로 말한다.

가게에 들어서자마자 주방장의 커다란 국자가 머리를 내리쳤습니다.

→ 내리치는 국자, 맞는 나의 아픔을 신체언어로 표현하고 표정으로 보여준다.

국자에 남아 있던 짜장 양념이 머리며 얼굴에 이리저리 함부로 튀었습니다.

→ 얼굴과 어깨의 잔여물을 털어내는 동작을 취한다.

엄청 아팠죠. 주방장은 내가 돌아오지 않자 재차 독촉을 받고 짜장면을 몇 번이나 버리고 다시 만들었으니 화가 날 만도 했습니다. 휴대전화가 없던 시절이라 방도가 없었거든요. 그래도 웃음이 나오려는 것을 겨우 참으며 한 대 더 얻어맞기 전에 얼른 짜장면을 챙겨 나왔습니다.

시원한 바람을 맞으며 스쿠터를 힘차게 당겼습니다.
→ 힘차게 당기는 스쿠터를 손목을 움직여서 입체적으로 표현한다.

그리고 결심했습니다.
"언젠가 나 이진선은 배우 전도연과 한 무대에 설 테다."
가슴이 뻥~ 뚫리는 느낌이었습니다.
→ 크게 숨을 들이마시고. 희망차게. 시원하게.

보이스 트레이닝 17
말의 속도 훈련

〰️ 스피치 속도 측정하기(spm 측정)

① 스마트폰으로 1분 알람 설정을 한다.

② 아래의 예문을 평소 말하는 속도로 읽는다.

③ 1분이 종료되면 읽기를 멈추고, 몇 음절을 읽었는지 글자 수를 세어본다.

④ 자신의 스피치 속도를 확인한다.

우리는 흔히들 죄 없는 한 사람에게 벌을 주느니 죄 있는 사람 10명을 풀어주는 게 낫다고 말합니다. 왜일까요. 증거를 확보하지 않은 판결이야말로 우리가 원하는 정의실현에 가장 문제가 되기 때문입니다.

피고인의 범행을 입증하는 증거는 어디에도 없었습니다. 정황만 있습니다. 그에는 엄청난 위험이 도사리고 있습니다. 보는 사람에 따라 각기 다른 해석이 가능하기 때문입니다. 이 사건이 이토록 비극으로 치달았던 이유! 모두 증거가 아닌 정황에 기댔기 때문입니다. 증거도 없이 피고인을 살인사건의 범인으로 단정했고, 입증할 수 없는 사실을 예민한 피해자에게 사실인 듯 알렸습니다.

극도로 불안에 떨던 피해자는 어머니를 찾아가 도움을 청했지만 어머니 역시 딸을 외면하고 말았습니다. 피해자를 벼랑 끝으로 몬 건 바로 정황에 대한 그릇된 해석이 아니었을까요? 선입견 말입니다.

부디 이 사건의 정황에 대해 냉정하게 의심하기를 바랍니다.

◁◗⟍ 말의 속도 훈련

① 예문에 표시된 속도대로 읽는다.

② 하나의 예문을 아주 느리게, 보통, 약간 빠르게, 아주 빠르게 읽
  는다.

▤ 말의 속도 훈련 예시

아주 느리게60 보통80 **약간 빠르게95 아주 빠르게110**

우리는 흔히들 죄 없는 한 사람에게 벌을 주느니 죄

있는 사람 10명을 풀어주는 게 낫다고 말합니다. 왜

일까요.

증거를 확보하지 않은 / 판결이야말로 우리가 원하는

정의실현에 가장 문제가 되기 때문입니다.

피고인의 범행을 입증하는 증거는 어디에도 없었습

니다.

정황만 / 있습니다.

그에는 엄청난 위험이 도사리고 있습니다.

보는 사람에 따라 각기 다른 해석이 가/능하기 때문입

니다.

이 사건이 이토록 비극으로 치달았던 이유!

모두 증거가 아닌 정황에 기댔기 때문입니다.

증거도 없/이 피고인을 살인사건의 범인으로 단정했

고, 입증할 수 없는 사실을 예민한 피해자에게 사실

인 듯 알렸습니다. 극도로 / 불안에 떨던 피해자는 어

머니를 찾아가 도움을 청했지만

어머니 역시 딸을 외면하고 말았습니다.

피해자를 벼랑 끝으로 몬 건 바/로 정황에 대한 그릇

된 해석이 아니었을까요?

선입견 말입니다.

부디 이 사건의 정황에 대해

냉정하게 / 의심하기를 바랍니다.

⫙ 포인트 ⫙

◁˳ㅆㅂ 스피치 속도 측정

wpm 스피치 속도 측정법

wpm 스피치 속도=전체 읽은 단어 수/시간(분)

1분간 전달 글자 수를 측정한다.

느린 속도-96wpm, 보통 속도-108wpm, 빠른 속도-124wpm

◁˳ㅆㅂ spm 스피치 속도 측정법

spm 스피치 속도=전체 읽은 음절 수/시간(분)

1분간 몇 음절을 읽었는지 측정한다.

느린 속도-250spm, 보통 속도-300spm, 빠른 속도-350spm

> 스피치 속도 = (   ) spm
>
> (250spm-느린 속도, 300spm-보통 속도, 350spm-빠른 속도)

평균적으로 안정된 속도로 말하는 사람의 spm은 300 정도다.

※ 동료 배우들에게 반복적인 낭독 실험을 한 결과 평균 300에서 -5 +15 정도였다.

스피치 페이스로 전달력을 높여라

　연주회에서 연주가가 같은 음정을 한 패턴으로만 연주한다면 듣는 사람들은 어떤 느낌이 들까? 작곡가, 뮤지션들은 음악적 상상력을 동원하여 연주를 통해 다양한 느낌을 표현한다. 연주를 통해 바람의 느낌을 내기도 하고, 꿀벌의 날갯짓을 표현하기도 하며, 무리지어 이동하는 코끼리 떼를 표현하여 들려주기도 한다.

　우리의 목소리도 마찬가지다. 말의 속도를 천천히 해서 긴장감이나 집중력을 이끌어내기도 하고, 말의 속도를 빠르게 해서 흥분상태로 몰아가기도 한다. 또한 말의 여운을 주어 상대방으로 하여금 생각할 수 있게 한다. 이렇게 다양한 말의 속도를 통해 사람들이 집중하고, 이야기에 빠져들 수 있도록 한다.

　결국 중요한 것은 스피치의 속도가 나의 심리적 상태와 습관에 끌려가는 것이 아니라 내가 필요한 상황에서 필요한 만큼 능동적으로 스피치의 속도를 조절할 수 있어야 한다.

　하지만 대부분의 사람은 자신이 어느 정도의 속도로 말을 하고 있는지 정확하게 알지 못한다. 그래서 "말이 빠르다는 기준을 잘 모르겠어요"라고 얘기한다. 모든 것에는 기준이 있듯이 말의 속도에도 당연히 기준이 있다. 그리고 그 기준을 중심으로 더하거나 뺄 수 있듯이, 말의 속도에 평균적인 기준점을 알고 자신의 스피치 속도를 빠르게 하거나 느리게 하는 것을 스스로 조절해야 한다.

◁·╫· 스피치 속도 측정법

스피치 속도는 어떻게 측정할 수 있을까?

스피치 속도를 알아보는 방법은 크게 두 가지로 나눈다. 첫 번째, 평소 말하는 속도감으로 1분에 몇 글자를 읽었는지 계산해보면 알 수 있다.

두 번째 방법은 spm으로 1분간 몇 음절 읽었는지를 계산해서 스피치 속도를 알아본다. spm(스피치 속도)=전체 읽은 음절 수/시간(분)으로 계산하여, 1분간 몇 음절 읽었는지(spm)으로 스피치 속도를 판단한다. 1분당 읽은 음절수가 250spm이면 느린 속도, 300spm이면 보통 속도, 350spm이면 빠른 속도이다. 위 두 가지 방법 중 wpm은 단어마다 길이가 똑같지 않아서 기준 점을 세우기가 어려워, 어떤 글을 읽어도 동일한 값을 얻을 수 있는 spm으로 스피치 속도에 대한 기준을 삼는다.

이러한 실험으로 말하는 속도에 대한 절대적인 감을 얻을 수는 없지만 말하는 속도에 대한 감각을 키울 수 있다.

서로 대화할 때 상대방의 말의 속도에 따라 이야기에 집중되는 경우가 있는 반면 오히려 말의 속도가 너무 빨라 이야기를 이해하지 못하는 경우가 있다. 이렇듯 말의 속도에 따라서 상대방과 의사소통이 달라질 수 있다. 그러므로 스피치 속도가 어떠한지 spm 방법으로 자신의 말의 속도를 점검하는 것이 중요하다.

⊲⼃⼌ 스피치 속도 익히기

조절이 가능한 스피치 속도는 집중력과 긴장감을 만들어 준다. 이러한 스피치 속도를 어떻게 익혀야 할까?

만약에 우리 몸 안에 '메트로놈'이 있다면 정말 좋을 것 같다.

스피치 속도를 익히기 위해서는 일정한 속도로 읽는 것이 매우 중요하다. 자신이 읽는 스피치 속도를 측정하고 이에 맞는 훈련을 하는 것이 좋다. 먼저 스마트폰 앱을 통해 메트로놈을 다운받은 다음, 예문을 준비한다. 스피치 속도를 측정한 결과가 250spm에 가깝다면 상대적으로 상대방이 지루해하거나 집중력을 놓칠 수 있으므로, 메트로놈 박자를 100에 맞추고 속도에 맞춰 예문을 읽는다. 처음에는 숨이 차고 힘이 들 수 있지만, 점점 그 속도가 보통인 300spm에 가까워진다. 그리고 스피치 속도가 350spm에 가깝다면 상대적으로 상대방이 느끼기에 숨이 차거나 조급하다는 느낌을 가질 수 있다. 이런 경우에는 메트로놈 박자를 60에 맞추고 속도에 맞춰 예문을 읽는 연습을 해야 한다. 답답하다고 느낄 수 있지만 메트로놈 속도에 맞춰 일정한 그 속도감을 익혀야 한다.

이제 스피치 속도 감각을 충분히 익혔다고 생각되면, 메트로놈의 속도를 70~80(300spm)으로 맞추어 예문을 읽는 연습을 해야 한다. 한결 편하게 예문을 읽을 수 있으며, 늘 정확한 박자감으로 말할 수 없겠지만 기준에 가깝게 말할 수 있다. 말의 속도 기준인 300spm을 중심으로 속도를 더하고 빼면서 사람들의 귀를 붙잡는 매력적인 스피치의 힘이 생길 것이다.

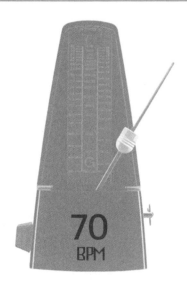

매력적인 메트로놈의 속도

리듬감 있는 말하기

◁‹‿₩ 리듬감 있는 말하기 훈련

문장에 리듬을 넣어 읽을 수 있도록 연습해보자.

① 다음 예문을 자신의 호흡에 맞춰 읽기 편하게 쪼개 놓는다.

② 단어의 첫음절이나 문장의 핵심 단어에 악센트를 준다.

③ 노래를 부르는 것처럼 리듬을 넣어 읽는다. 어렵다면 상대방에게 말하듯이 연습한다.

④ 문장의 어미는 내리도록 훈련한다.

⑤ 예문을 처음부터 끝까지 자신의 호흡으로 노래 부르듯이 5번 이상 반복한다.

다음 예문을 리듬감 있게 말해보자.

존경하는 임직원 여러분!

희망찬 새 아침이 밝았습니다.

올 한해 모두 건강하시고 가정에 행복이 가득하시기를 기

원합니다.

지난 한 해 애써주신 여러분께 깊은 감사를 드립니다.

올해 사업 환경은 여전히 어려워 보입니다.

환율과 유가의 불안정한 움직임은 수출 비중이 높은 우리

에게

상당한 도전입니다.

후발 기업의 거센 추격, 일본과 중국의 동향 등을 보면

수년 내에 큰 어려움이 올 수도 있습니다.

하지만, 우리 회사만의 차별화된 방식으로 시장을 선도하고,

철저한 미래 준비로 새로운 사업 기회를 잡는다면

거대한 파도가 덮쳐도 흔들리지 않을 것입니다.

아주 느리게 보통 속도 (75~80 메트로놈) **약간 빠르게** **아주 빠르게**

존경하는 임직원 여러분 !

희망찬 새 아침이 밝았습니다.

올 한해 모두 건강하시고 가정에 행복이 가득하시기를 기

원합니다.

지난 한 해 애써주신 여러분께 깊은 감사를 드립니다.

올해 사업 환경은 여전히 어려워 보입니다.

환율과 유가의 불안정한 움직임은 수출 비중이 높은 우리

에게

상당한 도전입니다.

후발 기업의 거센 추격, 일본과 중국의 동향 등을 보면

수년 내에 큰 어려움이 올 수도 있습니다.

하지만, 우리 회사만의 차별화된 방식으로 시장을 선도하고,

철저한 미래 준비로 새로운 사업 기회를 잡는다면

거대한 파도가 덮쳐도 흔들리지 않을 것입니다.

이 예문을 직접 리듬감 있게 말해보자.

예문

이사 철이 시작되면서 약세를 보이던 서울 아파트 전셋값이 상승했습니다. 매매시장은 보유세 개편, 금리 인상 가능성 등이 제기되며 관망세가 지속됐습니다. 한국감정원은 지난 2일 조사 기준 서울 주간 아파트 전셋값은 지난주 대비 0.01퍼센트 상승했다고 밝혔습니다. 새 아파트 입주 물량 증가 등으로 최근 19주 연속 하락세를 보이다 지난주 보합 전환한 뒤 금주 조사에서 상승세로 돌아섰습니다.

일부 저가 전세 물건이 소화되고, 여름방학 이사 철 시작으로 전세 수요가 조금씩 움직이며 가격이 오른 것으로 보입니다. 강남4구의 아파트 전셋값은 하락했으나 강서구와 양천구의 전셋값이 상승했고 마포, 서대문, 관악구 등도 지난주 대비 올랐습니다.

- 2018. 7. 5., 〈KBS NEWS〉 참고

목소리에 생명력 불어넣기

아나운서와 리포터, 쇼핑호스트, 개그맨, 연기자처럼 말을 업으로 삼고 있는 사람들에게는 공통점이 있다. 그것은 바로 목소리에 '리듬감'이 들어 있다는 것이다. 마치 노래를 부르듯 목소리에 리듬감을 넣어 말한다. 똑 부러지는 아나운서의 리듬감, 밝고 경쾌한 리포터의 리듬감, 열정적이면서도 빠른 쇼핑호스트의 리듬감, 대사에 감정이 하나라도 빠짐없이 정확하게 전달하려는 배우의 리듬감이다.

하지만 일상 속 우리의 목소리는 어떠한가? 앞에 나가서 발표만 하려고 하면 리듬감은커녕 무미건조한 톤으로 발표하기도 벅차다. 생동감 넘치는 발표라는 것은 있을 수 없다고 생각할 것이다. 그러나 말을 잘하려면, 말하려는 것을 명확히 전달하기 위해서는 목소리에 생명력을 불어넣는 리듬감을 익혀야 한다.

리듬감으로 목소리에 생명력을

전문가처럼 목소리에 리듬감 넣는 방법을 소개하겠다. 다음 예문을 마치 노래 부르듯이 소리 내어 읽어보자.

날씨 정보입니다. 벌써 2주째 월요일 아침 비가 내립니다.
이 비가 도대체 언제쯤 그칠까 궁금해하시는 분들이 많을 텐데요.
출근길에도 퇴근길에도 우산 잘 챙기시길 바랍니다.

리포터처럼 리듬감 있게 읽혔는가? 대부분 어색하게 읽혔을 것이라 생각한다. 그럼 다시 아래 곡선 모양처럼 단어에 높낮이를 주면서 즉, 리듬을 타면서 소리 내어 읽어보자.

날씨 정보입니다. 벌써 2주째 월요일 아침 비가 내립니다.
이 비가 도대체 언제쯤 그칠까 궁금해하시는 분들이 많을 텐데요.
출근길에도 퇴근길에도 우산 잘 챙기시길 바랍니다.

어떤가? 똑같은 문장이라도 리듬을 넣으며 읽으니 전보다 내용이 잘 전달되는 것을 느낄 수 있을 것이다. 혹자 중에는 무미건조한 톤으로 말하는 것과 리듬 탄 차이를 크게 느끼지 못할 수도 있겠다. 하지만 실제로 비교해 들어보면 리듬이 말의 강약을 표현시켜서 내용이 더 잘 전달되는 것을 확인할 수 있다.

아나운서나 리포터의 말이 신뢰감 있게 들렸던 이유는 바로 리듬감 때문이다.

리듬감 있는 말하기를 위해서 반드시 필요한 2가지 전제 조건이 있다. 첫 번째, 무미건조한 말은 절대로 하지 않겠다는 열정과 두 번째, 음을 위로 끌어올릴 수 있는 호흡, 즉 목소리의 체력이다.

리듬 있는 말은 산의 모습을 하고 있다. 따라서 문장에서 중요한 역할을 하고 있는 핵심단어에서는 강하게 말해야 한다.

그동안 깨닫지 못했을 뿐 우리는 늘 일상대화에서 리듬을 넣으며 이야기하고 있다. 친구들과 대화 나눌 때나 술이 한잔 들어가서 큰 소리로 외칠 때 보면 말 안에 리듬이 있다. 하지만 앞에 나가 발표만 하려고 하면 리듬은 온데간데없이 사라지고 단조롭고 무뚝뚝한 말투만 남는다. 이제 앞에 나가서도 자신감 있게 리듬을 넣어 말하자. "안녕하세요!" 하며 진심으로 반갑게 인사할 때 표정을 지어보자.

목소리에 리듬을 형성하는 것은 어조다. 어조는 '말의 가락'을 말한다. 어조는 말투 또는 억양으로 표현할 수 있는데, 억양은 문자에 얹히는 높이 곡선으로 문장 전체 또는 일부분에 가락을 얹혀서 특정한 의미를 전달하는 것을 말한다. 어조 자체가 일자 톤으로 지루하거나 툭툭 던지듯이 말을 하게 되면 상대방에게 호감을 줄 수 없다. 그러니 이제부터라도 말의 내용이 살아날 수 있게 리듬감을 넣어 말해보자.

◁◦◍◍ 리듬감 있는 말하기의 장점

리듬감 있는 말하기의 장점은 4가지로 정리할 수 있다. 첫 번째로, 말의 전달력이 좋아진다. 앞서 언급했지만 첫음절에 악센트(accent)를 주어 말하면, 듣는 상대방이 단어를 연상하기 쉽기 때문에 이해가 쉬워진다. 예를 들어 '여행'이라는 말을 할 때 뒤에 있는 '행'보다 앞에 있는 '여'에 악센트를 주게 되면, 사람들은 '여'라는 말을 듣고, '행'이 이어지는 순간에 이미 단어의 속뜻을 생각한다. 들은 단어에 대해 생각할 시간이 길어졌으니 당연히 전달력이 높아진다. 또한 리듬감 있는 말하기는 올라갔다 내려갔다 하는 목소리의 높낮이 사이사이에 잠깐의 쉼이 생기기 때문에 듣는 사람이 전달받은 내용에 대해 정리하는 시간을 줄 수 있다.

두 번째, 목소리에 '생명력'을 불어 넣을 수 있다. 파도와 같이 리듬을 넣기 때문에 열정적이고 경쾌하게 들린다. 마치 한 곡의 노래를 듣는 것 같다. 리듬감 있게 말한다는 것은 말하는 목소리에 생명력을 불어넣어 주는 것이다.

세 번째, 목소리의 '호흡력'을 키울 수 있다. 방송인들과 아나운서들이 말에 리듬감을 넣는 이유는 높은 전달력과 함께 호흡을 아낄 수 있다는 강점이 있기 때문이다. 많은 말을 정확하게 발음하려면 목소리에 힘을 줘야 한다. 그러다 보면 호흡이 한꺼번에 너무 많이 빠져나가 길게 이야기하지 못한다. 이를 예방해주는 것이 말에 리듬을 넣는 것이다.

마지막으로 편안한 톤을 가질 수 있다. 말을 끝맺을 때 문장의 어미가 내려가야 전체적으로 말의 전달력이 좋아지고, 품위가 생긴다. 하지만 어미가 저절로 알아서 내려가지는 않는다. 전체적인 톤이 내려가야 어미도 내려간다. 그러나 말에 리듬감을 넣으면 단어와 단어 사이에 높낮이를 주어야 하기 때문에 한 없이 톤이 높아지는 것을 예방해준다.

우리는 살면서 많은 목소리를 듣는다. 어떤 목소리에는 무뚝뚝한 기운이 넘친다. 대개 전화상에서 더욱 그렇다. 그런데 전화상에서 목소리는 어느 때보다 중요해진다. 이때야말로 목소리에만 의존을 해야 하기 때문에 더욱 친절하고 상냥한 느낌을 줘야 한다. 그렇다면 이제 전화상 너무 사무적인 목소리, 무뚝뚝한 목소리에 사람들의 호감을 얻을 수 있는 리듬감을 넣어 표현해보자.

높임 강조

특정 단어의 음가를 높이거나 강하게 발음하는 것이 높임 강조

낮춤 강조

톤을 낮추어, 약하게 발음하여 강조하는 것이 낮춤 강조

천천히 강조

강조하고자 하는 단어나 문장을 천천히 또박또박 발음하는 것이

천천히 강조

포즈 강조

더욱 강조하고 싶은 단어, 문장 앞에서 잠깐 쉬는 포즈 강조

이미지화 강조

특정 단어를 풍성하게 표현하여 단어의 의미가 입체적으로 강조되는 것이 이미지화 강조

강조하기 훈련

◁◎ 한 글자 강조하기 훈련

아래 예시한 '사랑해요'의 글자를 한 글자 한 글자씩 읽으면서
강조해본다.

사랑해요

예시 문장을 반복해서 읽으면서 그 때마다 다른 글자들을 강조한다.

사 랑 해 요

사 **랑** 해 요

사 랑 **해** 요

사 랑 해 **요**

강조법은 사람의 가치관, 현재의 상황 등에 따라 다르다.

예문에 나만의 강조법을 적용하여 마음에 울림을 주는 연설문을
완성해보자.

◁·◆· 단어 강조 감각 훈련

아래 문장을 단어마다 강조하면서 읽어본다.

> **제가 여러분께 하고 싶은 이야기는 바로 이것입니다.**
> 예시 문장의 단어들을 강조해 읽으면서 문장의 느낌이 어떻게 변화하는지 알아보자.
>
> **제가** 여러분께 하고 싶은 이야기는 바로 이것입니다.
> 제가 **여러분께** 하고 싶은 이야기는 바로 이것입니다.
> 제가 여러분께 **하고 싶은** 이야기는 바로 이것입니다.
> 제가 여러분께 하고 싶은 **이야기는** 바로 이것입니다.
> 제가 여러분께 하고 싶은 이야기는 **바로 이것**입니다.

◁·◆· 연설문 강조하기 훈련

① 5가지의 색의 형광펜을 준비하다.

② 예문에 강조하고 싶은 강조법을 적용시켜 형광펜으로 색을 칠해서 구분 짓는다.

③ 형광펜으로 구분한 곳에 강조법을 적용해 천천히 읽어본다.

④ 실제로 사람들 앞에서 연설하는 것처럼 말해본다. 아래 강조법에 색깔을 구분 지어 보자.

다음 연설문으로 강조하기 훈련을 직접 펜으로 체크해가며 해보자.

존경하는 `높임 강조` 임직원 여러분 !

희망찬 `높임 강조` 새 아침이 밝았습니다.

올 한 해 모두 건강하시고 `높임 강조` 가정에 행복이 가득

하시기를 `이미지화 강조` 기원합니다.

지난 한 해 애써주신 여러분께 깊은 감사를 드립니다.
`천천히 강조`

올해 사업 환경은 여전히 어려워 `낮춤 강조` 보입니다.

환율과 유가의 불안정한 움직임은 수출 비중이 높은 우

리에게 상당한 도전 `높임 강조` 입니다.

후발 기업의 거센 추격 `높임 강조` , 일본과 중국의 동향 등

을 보면

수년 내에 큰 어려움이 올 수도 `낮춤 강조` 있습니다.

하지만, `높임 강조` 우리 회사만의 차별화된 방식으로 `높임 강조`

시장을 선도하고,

철저한 `높임 강조` 미래 준비로 `천천히 강조` 새로운 사업 기회

를 잡는다면

거대한 파도가 덮쳐 `이미지화 강조` `포즈` 도 흔들리지 않

을 것입니다. `천천히 강조`

리딩하지 말고 스피치를 하자

🔊 첫음절에 악센트를 줘라

"왜 자꾸 혼자 중얼거리는 거야?"라는 말을 들어본 적 있는가? 많이 들어봤다면 말에 강약이 없을 경우가 크다. 마치 목소리 톤이 일자로 뻗어가는 느낌일 경우 전달력이 떨어지기 때문이다. 바꿔 말해 말에 색깔 변화가 없다고 할 수 있다.

예를 들어 "올 상반기 우리 회사 매출이 타 경쟁사 대비 30퍼센트 하락했으며, 이는 회사 전반에 총체적 위기를 가져올 수 있습니다"라는 문장을 단어 하나하나에 색깔을 넣지 않고 무미건조하게 읽는다면 정말 회사에 위기가 닥친 것처럼 느껴질까? 감각적으로 위험이 느껴지지는 않을 것이다.

아무리 발음을 정확하게 해도 단어와 단어가 서로 구분되지 않으면 상대에게 잘 전달되지 않는다. 노래를 부른다고 생각해보자. 가사 전달력이 좋으려면 앞뒤 단어의 리듬감이 달라야 한다. 만약 "내삶을 그냥 내버려둬"라는 문장을 무미건조하게 읽는다면 사람들은 그 말에서 어떤 감정도 느낄 수 없다. 그러나 단어 하나하나의 의미에 맞는 색깔을 넣는다면 상대에게도 훨씬 잘 들리고, 전달하려는 의미가 확실히 전달된다. 우리는 이것을 '표현력'이라고 한다.

◁·⫴⫴ 악센트는 표현력이다

어떤 말이든 맛깔나게 하는 사람이 있다. 예를 들어 맛있는 밥을 먹어도 "맛있네"라고는 말하지만 맥 빠지게 하는 사람이 있고, "우와, 정말 맛있다!"라고 맛깔나게 표현하는 사람이 있다. 하지만 의외로 이렇게 표현하는 것을 어색해하고 어려워하는 사람이 많다.

단어 하나하나에 생명력을 불어넣는 가장 간단한 방법이 있다. 바로 단어 첫음절에 '악센트'를 넣는 것이다. 첫음절에 악센트를 넣게 되면 전체적으로 말에 힘이 들어가게 되고, 소리는 더욱 커져 상대에게 명료하게 들리게 되며, 생명력이 생긴다.

좋은 목소리는 '동그란 모양'을 갖고 있다. 동그란 목소리는 단어의 첫음절에 악센트를 주면 소리가 앞으로 나가기 때문에 소리가 더욱 명료하게 들리는 것이다. 단어 첫음절에 악센트를 넣으면 말의 전달력이 높아지고 더불어 상대에게 좋은 첫인상을 주기도 한다. 대부분 사람들은 첫음절에서 단어의 뜻을 유추한다. 그래서 첫음절이 잘 들리면 뒤 음절도 잘 들렸다고 생각하는 것이다. 또한 첫음절에 악센트를 주면 단어 끝에 힘이 가는 것을 막을 수 있다. 단어 끝에 힘이 들어가면 이상한 소리가 나오게 된다.

여기서 한 가지 더 주목해야 할 것이 있다. 바로 자신에게 알맞은 목소리 톤을 찾는 것이다. 자신에게 알맞은 목소리 톤으로 첫음절에 악센트를 주고 말한다면 당신의 첫인상은 상대방에게 좋은 목소리로 오랫동안 기억에 남을 것이다.

방송, 프레젠테이션, 면접 실전

◁·ᆒ 실전 목소리 트레이닝

방송대본, 프레젠테이션, 면접

❶ 뉴스멘트

📑 예문

오늘 오후 울주군 웅촌면 대복리 야산에서 발생한 산불이 강한 바람을 타고 번지고 있습니다. 인근 주민 4천 명이 대피했습니다. 산불 진화에 나섰던 소방 헬기가 추락했습니다. 기장은 구조됐지만 부기장은 실종돼 수색작업을 계속하고 있습니다.

해외에서 코로나19가 유입되는 것을 차단하기 위해 울산시가 해외에 다녀온 모든 시민을 능동감시 대상자로 집중 관리하기로 했습니다.

코로나19로 농어민들이 판로를 찾지 못해 힘들어하고 있습니다. 지자체가 학교 급식용으로 생산한 친환경 농산물을 대신 팔아주는 등 농가 돕기에 나섰습니다.

- 2020. 3. 29. 〈울산 MBC 뉴스데스크〉 참고

부산시는 코로나19 장기화로, 생계에 어려움을 겪는 문화예술인을 위한 긴급 지원대책을 마련하고 예술활동증명이 있는 3,200명에게 1인당 50만 원을 지급합니다.

또 창작활동 지원을 위한 예술특성화 지원 사업에 4억 7,000만 원을 증액 편성하고, 장기휴업 상태인 예술인들을 기업에 파견하는 일자리 지원 사업 예산도 4억 원을 늘렸습니다.

지난 20일간 부산시에는 예술인들의 피해 199건, 11억 원이 접수됐는데 이 가운데 공연 취소와 연기 관련 피해가 60퍼센트 이상이었습니다.

— 2020. 4. 23. 〈부산 MBC 뉴스투데이〉 참고

• 훈련방법

모음만 따로 떼서 발음한다.

위 내용을 읽으면서 강조할 단어들을 생각해본다.

스타카토 리듬감으로 말끝을 강하게 끊어 읽는다.

방송사 홈페이지에 들어가 '뉴스 다시 보기'를 클릭하면, 뉴스 원고를 확인할 수 있다. 앵커의 목소리를 따라 읽어보고, 그다음에는 음소거 버튼을 누르고 원고를 읽어보자. 뉴스 원고를 많이 읽다 보면 말에 신뢰감을 주는 리듬감이 들어간다.

❷ 라디오 DJ 멘트

🗒 예문

〈건강한 아침〉, ○○○입니다.

'회오리바람이라도 아침나절을 넘기지 못하고, 소나기라도 하루 종일 내리지 못한다.'

노자의 도덕경에 나오는 말이라고 하죠. 지난 8월, 제가 잠시 마이크를 내려놓고 있을 때 〈건강한 아침〉 오프닝을 통해서 여러분께 소개해드렸던 말입니다. 사실 그때 저도 여러분과 마찬가지로 라디오를 통해서 이 말을 들었거든요. 그때 이 말 들으면서 정말 어떤 어려움도 끝은 있는 걸까. 그 끝은 있는 걸까 싶었는데, 끝은 정말 있나 봅니다.

딱 석 달 만에 인사드리게 됐네요. 죄송했습니다. 그리고 고맙습니다. 기다려주셔서요.

기다려주신 그 마음 크게 보답하도록 더욱 더 알차고 도움 되는 정보들 전해드리도록 노력하겠습니다.

월요일, 새로운 마음으로 출발해봅니다.

〈건강한 아침〉, ○○○입니다.

- MBC 라디오 〈건강한 아침〉 오프닝 멘트 참고

• 훈련방법

마음을 차분히 가라앉힌 뒤, 자신이 마치 라디오 DJ가 되었다고 생각해보자.

배꼽 아래 5센티미터 지점에 숨을 채운 뒤, 자연스럽게 말을 내뱉는다.

단어 하나하나에 진심을 담아 말해보자. 문장 속에 여러 감정이 교차하는 것을 느낄 수 있다.

따뜻한 목소리로 대화하듯 읽어보자.

❸ 쇼핑호스트 멘트

📋 예문

안녕하세요. 쇼핑호스트 ○○○입니다.

오늘부터 '쿨썸머 페스티벌'이 진행 중인데요.

여러분이 보고 계시는 방송 상품을 모바일로 주문하시면

지금 보시는 것처럼 풍성한 혜택이 마련되어 있으니

꼭 모바일로 주문해서 다시 오지 않을 기회를 놓치지 마시기 바랍니다.

모바일 앱이 아직 없으신 분들은 바로 아래의 번호로 전화주시면 앱 다운부터 구매 방법까지 친절하게 안내해 드리겠습니다.

모바일 앱과 함께 더 즐거운 쇼핑!

지금 바로 시작합니다.

• 훈련방법

정말 좋은 상품을 소개한다는 확신에 찬 목소리를 내야 한다.

과도하게 높은 톤보다는 밝고 경쾌한 톤으로 기분 좋은 목소리를 내보자.

목소리에 진심이 담겨 있어야 하며 가식이 있어서는 안 된다.

좋은 상품이라는 확신을 가진 자신감 넘치는 소리로 읽는다.

❹ 교통 캐스터 멘트

짧은 시간 동안 정확한 상황을 설명해야 하는 교통케스터 멘트는 무엇보다 지명, 위치, 상황을 정확히 발음하는 것이 중요하다. 강조할 부분을 체크하고, 현재의 상황을 목소리의 감정으로 전달할 수 있어야 한다.

📑 예문

전국교통정보 OOO입니다.

이 시각 고속도로 대부분 구간의 정체는 해소되긴 했지만, 아직 정체 남아 있는 몇몇 구간 보이고 있습니다. 먼저 사고 구간입니다.

호남고속도로 천안 방향, 내장산 부근 이차로 갓길에서 화물차 사고가 발생해 처리하고 있는데요. 이 여파로 2킬로미터 구간, 정체 빚고 있습니다.

경부고속도로는 서울 방향으로 수원 부근을 중심으로 3킬로미터 구간에서 차량들 느리게 이동하고 있고요. 같은 방향으로 달래내부터 반포 부근까지는 11킬로미터 구간에서 여전히 긴 지체 흐름 보이고 있습니다.

그리고 서해안고속도로도 아직 정체 구간 조금 남아 있는데요.

서울 방향, 일직갈림목에서 금천 부근까지 차 간격 좁혀 있고요.

대천 부근 갓길에서는 고장 차를 처리하고 있습니다.

반대 목포 방향으로는 순산 터널 부근에서 짧게 주춤하고 있고, 팔곡갈림목에서 용담터널 부근 역시, 불편 따르고 있습니다.

이어서 영동고속도롭니다. 대부분 구간 순조롭게 지나는 가운데, 강릉 방향으로 월곶 갈림목 부근 삼차로 갓길에서는 화물차 고장 처리 중인데요. 이 여파로 서창갈림목에서 월곶 갈림목 부근까지 4킬로미터 구간 소통 답답합니다.

군포에서 부곡 부근도 여전히 차량 밀리고 있습니다.

지금까지 고속도로 상황이었습니다.

• 훈련방법

지명, 위치, 상황 등의 정보를 정확한 발음으로 제공해야 한다.

중요한 내용을 미리 체크해두고, 악센트를 주어 강종 전달해야 한다.

청취자의 입장에서 현재 상황이 그려지도록 목소리에 감정을 담아 이야기해야 한다.

❺ 방송 MC 멘트

청중에게 친근감 있고 따뜻하게 다가도록 말하는 것이 중요하다.

또한 상황에 따라 목소리의 톤을 다르게 표현할 수 있어야 한다.

📑 예문

여러분 반갑습니다. 〈파워 음악회〉 ○○○입니다. 오늘 KBS 홀에는요, 그 어느 때보다도 신명과 흥이 넘쳐나는데요. 아무래도 오늘 오신 분들이 누구보다도 열정이 넘치는 분들이기 때문인 것 같습니다. 오늘, 우리 사회 발전에 디딤돌 역할을 해오신 건설인들과 함께 하고 있는데요. 다시 한번 반갑습니다. 우리나라의 경제 발전은 정말 기적이라고 할 정도로 눈부신 성장을 했는데요. 여기에 큰 역할을 한 분야가 바로 건설 분야입니다. 도로, 교량에서부터 다양한 건축물까지, 정말 지난 세월 우리 역사와 함께 해온 분야인데요. 여러분의 땀과 열정으로 이루어진 대한민국의 미래가 앞으로 더 밝아지길 기대하는 마음, 앞으로 〈파워 음악회〉에 담아보도록 하겠습니다.

먼저 만나보실 무대는요, 우리 가슴속 깊은 곳에 있는 감정들을 풀어내
줄 무대가 될 것 같습니다.
박수 부탁드립니다.
- 2017. 9. 12., 〈KBS 열린음악회〉 참고

- 훈련방법

정중하면서도 친근감 있게 "안녕하세요", "반갑습니다"라고 읽어
보자.

원고만 보지 말고 고개를 들어 청중과 눈을 맞추는 연습을 한다.

상황에 따라 목소리를 다르게 표현할 수 있어야 한다.

오프닝 멘트를 미리 준비하고 자신감 있는 목소리로 말하자.

❻ 프레젠테이션

프레젠테이션에서 가장 중요한 것은 자신감 있는 목소리다. 아무
리 좋은 내용을 발표할지라도 자신감이 없다면 신뢰가 생기지 않는
다. 따라서 자신감 있는 목소리로 청중들이 이해할 수 있는 속도에
맞춰 정확하게 설명한다. 말하는 속도가 느리면 지루하고, 반대로
말하는 속도가 빠르면 청중들에게 전달력이 떨어질 수 있다. 프레젠
테이션은 자신이 말하려는 내용을 정확히 인지하고, 자신감 있는 목
소리로, 자신만의 스타일로, 적당한 속도로 설명해야 한다.

안녕하세요. 오늘 프레젠테이션을 맡은 ○○○입니다.

지금부터 유아용 한글 교육 앱 개발에 관한 발표를 시작하도록 하겠습니다. 우리나라는 다른 어떤 나라보다 아이들의 교육에 대한 관심도가 매우 높은 편입니다. 이러한 어린이 교육에 대한 수요에 발맞춰 유아용 한글 교육 앱 개발을 진행하고자 합니다.

한글 교육이라고 하면 모국어이기 때문에 자연스럽게 배우고, 가르치지 않아도 된다고 생각합니다. 그러나 최근 연구 결과에 따르면 아이들이 영어보다 모국어인 한글에 대한 이해도가 떨어지는 것으로 나타났습니다. 이에 유아용 한글 교육은 매우 중요하며, 쉽게 배울 수 있는 유아용 한글 교육 앱이 부모들의 걱정과 부담을 줄여줄 것으로 기대합니다.

• 훈련방법

부드러우면서도 신뢰감 있는 목소리로 발표해야 한다.

절대로 같은 톤으로 말해서는 안 된다.

강조할 중요 내용은 목소리의 강약을 조절하여 말해야 한다.

발표하는 모습을 영상으로 촬영해 목소리를 내는 모습, 표정, 말의 속도 등을 체크한다.

❼ 면접

면접은 '나 자신을 파는 것'이다. 그러므로 자신감은 물론이며 자신을 정확히 아는 것이 중요하다. 내가 무엇을 잘하는지, 단점은 무엇인지, 회사에서 어떠한 역할을 할 수 있는지 등을 자신감 있는 목소리로 정확하게 표현하는 것이 중요하다.

　면접관이 자신을 쳐다보고 있다는 부담감을 이겨내지 못하겠다고 호소하는 사람들이 많다. 그러나 면접에서 점수를 얻는 방법은 편안하게 대화하듯 자신의 생각을 정확하고 자신감 있게 말하는 것이다.

📑 예문

안녕하십니까? 내 안에 있는 잠든 거인을 깨워라!

저는 제 안에 잠들어 있는 거인을 깨우기 위해 하루하루 열정적으로 살고 있습니다.

첫째, 저에 대한 열정입니다.

자신을 사랑하지 않는 사람은 다른 사람들을 사랑할 수 없습니다. 제 자신에 대한 열정과 사랑으로 구청 행정 인턴, 편의점 알바, 사회 봉사활동 등 다양한 경험을 통해 제 자신을 발전시켜 왔고 이러한 열정은 저를 적극적인 사람으로 만들었습니다.

둘째, 회사에 대한 열정입니다.

○○전자는 우리나라뿐만 아니라 세계를 대표하는 기업입니다. 유학시절, ○○에 있는 커다란 광고판을 보며 ○○전자에 입사하는 꿈을 키워왔습니다. 이제 그 꿈을 ○○전자에서 저의 열정을 불태워 ○○전자가 커 나가는 데 도움이 되고자 합니다.

첫음절을 말할 때 악센트를 주어 자신감 있고 패기 있는 목소리로 말한다.

노래를 부르듯 리듬감 있게 말한다. 강조하고자 하는 단어는 힘주어 말한다. (예문에서는 강조해야 하는 단어가 '열정'이다)

키워드를 외워야 한다. 면접관에게 어필할 주요한 키워드들을 외워서 자연스럽게 말할 수 있도록 연습한다.

면접은 무조건 자신감이다. 그렇다고 무조건 면접관에게 함부로 들이대면 안 된다. 자신을 충분히 드러낼 수 있는 장기 및 자기소개 등을 사전에 준비를 한 다음, 자신감 있게 나 자신을 표현해라.

면접관의 질문에 유연하게 대처할 수 있는 여유도 필요하다. 모르는 것에 대해서는 모른다고 얘기하는 것이 중요하다. 잘못 말하면 오히려 득보다는 실이 될 확률이 높다.

파워 보이스 호흡법 3가지

호흡의 힘을 키우는 빨대 호흡 훈련

천천히, 균일하게, 호흡을 강화 시켜주는 빨대를 이용한 호흡법

좋은 목소리 탄력적인 스피치를 위해서는 역시 호흡이 가장 중요하다. 하지만 호흡이라는 것이 눈에 보이지는 않는다. 호흡의 흐름을 눈으로 확인하면서 놀이처럼 할 수 있는 훈련 방법이 빨대를 이용한 호흡법이다.

① 물이 조금 든 컵과 커피전문점에서 흔히 볼 수 있는 정도의 사이즈인 빨대를 준비한다.
② 컵 안에 든 빨대를 불어주면서 물에 거품을 만든다. 너무 세게 불면 컵 밖으로 물이 튈 수 있다.
③ 눈으로 보이는 거품의 크기가 일정하게 10초 동안 숨을 불어준다.
④ 점차 15초, 20초, 30초 로 시간을 늘려가며 균일하게 날숨을 하도록 복식호흡 존의 압력을 유지한다. 익숙하게 감각을 익혔다면 평소에도 활용하여 호흡을 한다.

* 빨대를 이용한 훈련법 호흡의 과부화로 머리의 통증이 없어 아이들이 훈련하기에도 좋다. 천천히, 균일하게, 호흡을 강화시켜주는 빨대를 이용한 호흡법

⊲•⌇ 시곗바늘 호흡법

강연이나 연설 등을 듣다 보면 말이 자주 끊긴다거나 말이 점점 빨라지거나 혹은 목소리가 작아지는 것을 듣게 될 때가 있다. 여러 가지 이유가 있겠지만 호흡의 길이가 짧아서 생기는 경우가 대부분이다. 그래서 좋은 목소리를 가지고 있는 사람들은 호흡도 길다.

 훈련 목표를 한눈에 알아보기 쉽고 성취 동기부여를 위해 초바늘이 12시에 오면 시작하기를 권한다.

좋은 목소리를 낼 수 있는 사람이 오랫동안 말해도 지치지 않고 흔들림이 없다. 호흡의 길이는 훈련을 통해서 얼마든지 늘려갈 수 있다. 그중 시곗바늘을 이용한 호흡 훈련을 추천한다. 다음 방법으로 호흡 훈련을 해보자.

① 시곗바늘을 바라보며 몸을 이완시키고 숨을 편안하게 내쉰다.

(호흡 한 번의 길이를 쉽게 파악하기 위해 12시 정각부터 소리 내길 권한다.)

② 배꼽 아래 5센티미터 지점에 숨이 모인다는 생각으로 깊게 들이마신다.

③ 성문에 무리가지 않는 음역대로 '아~~~' 하고 20초간 소리를 낸다.

④ 같은 방법으로 30초간 '아~~~~' 하고 소리를 낸다.

⑤ 같은 방법으로 40초간 '아~~~~' 하고 소리를 낸다.

(이때 몸이 충분히 이완되어 있고, 횡경막을 끝까지 내려주어야 호흡을 늘려 나갈 수 있다.)

평균 30초 이상 소리 낼 수 있어야 탄력적인 말하기가 가능하다.

◁〰 말 근육 키우는 법

우리가 느끼는 배우들의 힘 있고 좋은 목소리는 말하는 근육에서 나온다. 보통 우리가 말하는 배의 힘이다. 이러한 말하기 근육은 오랜 시간 발성과 화술 훈련을 통해 만들어진다. 만약 훈련을 통해 복부 근육의 값이 10이 된다면 우리가 일반적으로 말을 할 때는 3~4 정도의 힘을 사용하게 된다. 그럼에도 말하기 근육을 10으로 만들어야 하는 이유를 스포츠카에 비유할 수 있다. 스포츠카는 저속에서도 굉장한 힘이 느껴지기 때문이다. 마찬가지로 간단한 방법이지만 꾸준히 훈련한다면 작은 목소리에도 공간을 채우는 힘을 만들 수 있다.

① 낭독 원고를 준비하고 바닥에 편하게 앉는다.
② 윗몸 일으키기 자세 혹은 바닥에 누워 다리와 가슴을 위로 올려 배를 중심으로 활 모양이 되도록 자세를 유지한다.
③ 준비한 원고를 읽는다. (처음부터 무리하면 근육통이 올 수 있으므로 처음에는 2줄, 4줄 등 점차 리딩 범위를 넓혀간다.)
④ 목소리가 어떻게 변하는지를 관찰하고 편하게 앉은 후에도 낭독할 때의 목소리가 유지될 수 있게 감각을 익힌다.

※ 학창 시절 음악 수업 시간에 노래를 부를 때면 선생님이 "배에 힘줘서 불러"라고 하던 기억이 누구나 있을 것이다. 그때 배에 힘을 주라는 말이 이번 훈련의 핵심이다.

◀◾〰 코맹맹이를 잡는 호흡법

가끔 외모가 주는 이미지와 전혀 다른 목소리를 가진 사람을 만날 때가 있다. 대표적인 예가 코맹맹이 소리인데 알레르기성 비염으로 코맹맹이 소리가 날수도 있지만, 잘못된 발성 습관을 가지고 있는 경우가 많다. 이런 경우 남성은 여성스러운 목소리로 스트레스를 받을 수 있고 여성의 경우 어린아이 같은 발성으로 오해를 받기도 한다. 자, 그러면 아래의 방법에 따라 발성을 해보자. 비염이나 감기로 인한 코맹맹이 소리에 효과가 있으며 그리고 복식호흡을 잘하고 있는지 확인하기 좋은 방법이다.

어깨와 목을 편안하게 하고, 한 손으로 코를 잡는다. 그 상태에서 "악. 티. 큐. 리. 예"라고 말해본다. 이때 코맹맹이 소리, 코의 울림이 없다면 바르게 발성하고 있는 것이다. 하지만 코맹맹이 소리가 나거나 코를 잡은 손에 울림이 있다면 잘못된 발성을 하고 있다는 의미다. 이 경우 호흡을 최대한 아래로 내려주고 소리를 낼 때 입으로만 호흡을 훅 뱉어 낸다는 생각으로 말을 하면 전혀 다른 소리가 나게 된다. 이것이 바로 복식호흡이다.

① 앉아서 몸을 편안하게 이완시킨 상태에서 코를 잡는다.

② 아랫배가 나오고 긴장감이 느껴질 정도로 호흡을 아래로 내린다.

③ 그 상태에서 '악. 티. 큐. 리. 에'라고 읽는다.

④ 그 느낌을 유지하면서 이번에는 손을 떼고 '악. 티. 큐. 리. 에.'라고 읽는다.

⑤ 같은 방법으로 다음의 문장을 읽는다.

안녕하세요.

까치 까치 설날은 어저께고요. 우리 우리 설날은 오늘이래요.

어렵게 느껴진다면 소리를 훅 뱉어내면서 조금 더 빨리 소리 내본다.

연설문, 시, 희곡 실전

◁‖‖‖ 실전 목소리 트레이닝

연설문, 시, 희곡

❽ 연설문

연설문은 듣는 대상에 따라 목소리의 톤과 단어들을 적절히 표현하고 배열해야 한다. 연설을 듣는 청중의 공감을 이끌어내는 말하기가 중요하다. 즉, 진정성을 기반으로 하는 스피치의 연출이 필요하다.

이 세상에는 베풀 수 있는 기회가 아주 많이 있습니다. 우연에 의한 친절한 행위를 하지 마세요. 물론 이것도 괜찮지만, 계획된 친절 행위를 하세요. 우리 주변에는 삶의 조언을 필요로 하는 아이들이 있습니다. 매일 굶주림에 살아가는 사람들이 있습니다. 그리고 연약하고 자신을 돌볼 수 없는 사람들이 있습니다. 어떤 이는 불구가 되는 절망을 경험했습니다. 당신의 지식과 따뜻한 마음을 사용하여 홀로 설 수 없는 사람들을 대변해 주세요. 말 못하는 사람들을 위해서 대신 말해주세요. 어둠의 삶을 살아가는 사람들을 위해서 등대가 되세요. 온난화에 대응하는 선한 싸움을 하세요. 선하고, 곧은 모든 것에 참여하세요.

'당신'이 살기 원하는 그런 세상을 위한 대사가 되세요.

- 줄리 앤드류스, 〈콜로라도 대학교 졸업식 연설문〉 참고

(줄리 앤드류스는 영화 〈사운드 오브 뮤직〉으로 잘 알려진 영화배우다.)

열입곱 살 때, 이런 경구를 읽은 적이 있습니다.

"하루하루를 인생의 마지막 날처럼 산다면, 언젠가는 바른 길에 서 있을 것이다."

이 글에 감명을 받은 저는 그 후 오십이 되도록 매일 아침 거울을 보면서 제 자신에게 묻곤 했습니다.

"오늘이 내 인생의 마지막 날이라면, 지금 하려고 하는 일을 할 것인가?"

만일 "아니오!"라는 답이 계속 나온다면, 다른 것을 해야 한다는 걸 깨달았습니다.

인생의 중요한 순간마다 '곧 죽을지도 모른다'는 사실을 명심하는 것이 저에게는 가장 중요한 도구가 됩니다.

왜냐고요? 외부의 기대, 각종 자부심과 자만심, 수치와 실패에 대한 두려움들은 죽음을 직면해서는 모두 떨어져 나가고, 오직 진실로 중요한 것들만이 남기 때문입니다. 죽음을 생각하는 것은 무엇을 잃을지도 모른다는 두려움에서 벗어나는 최고의 길입니다.

여러분들이 지금 모두 잃어버린 상태라면, 더 이상 잃을 것도 없기에 본능에 충실할 수밖에 없습니다.

- 스티브 잡스, 〈스탠포드대학교 졸업식 연설〉 참고

❾ 시

    시는 하나의 노래다. 다음의 시를 읊조리며 시인이 말하고자 하는 내용을 생각하며 읽어본다. 자신이 느낀 감정을 목소리에 담아 리드미컬하게 표현해보자. 똑같은 내용의 시라도 읽는 사람에 따라 감정이 다르게 나올 수 있다. 내가 프랑스에서 공부하면서 느낀 프랑스 교육의 강점 중 하나가 바로 시를 낭송하는 수업이었다. 이러한 수업은 전 학년에 걸쳐 진행되며 의무적으로 시를 외우고 발표하는 날을 따로 만들 정도인데 이러한 시 낭송 수업의 목표중에 하나가 감수성을 키워주는 것이다. 감수성은 목소리를 통해서도 잘 느껴지는데 이러한 감수성은 목소리를 촉촉하게 만들고 대화를 부드럽게 이끌어준다.

상처가 부르는 사람

도마 위에 쓰다 남은 양파 조각들

아침에 보니 그 잘린 단면에 날벌레들이

까맣게 앉아 있다, 거기 모여 있는 벌레들은

식물의 먼 길 바래다줄 저승사자

검은 날개의 옷을 접고 앉은 그들에게

칼자국이 만든 마지막 육즙을 대접하며

양파는 눈을 감는다 가슴에 차오르는 기억을

날개마다 가만히 올려놓는 중이다

매웠던 삶이 점점 사그라지면서 양파는

팽팽했던 긴장감에서 벗어난다

벗기려고 애써도 또다시 갇히고 말던

굴레를 이제 풀고 있는 것, 그러고 보니

나에게도 상처가 불러들인 사람 있었다

그때 왜 나는 붉은 핏방울의 기억을

숨기려고만 했던 것일까 힘들게 온 그에게

술 한 잔 대접하지 못하고 혼자

방문 닫고 있던 것일까, 그래서 나는

지금 더욱 난감하게 갇히고 마는 것이다

속으로 혼자 썩어 가고 있는 중이다

- 길상호, 《오동나무 안에 잠들다》, 〈상처가 부르는 사람〉 전문

우물

찾지 못해도 끝까지 파는 것

흙 범벅이 되어도 포기하지 않는 것

파다가 묻히더라도

막장까지 내려가 보는 것

땅속에 달빛 흐르는 소리

들릴 때까지 가 보는 것

- 유용주,《어머이도 저렇게 울었을 것이다》,〈우물〉전문

⑩ 희곡

희곡은 무대에서 배우들의 대사를 통해 표현되는 대본인 만큼, 상황에 따른 감정, 표정, 목소리 들이 무대의 분위기를 만든다. 그렇기 때문에 희곡의 내용을 파악하는 것이 중요하며, 몸짓과 목소리, 표정 등 모든 것을 이용해 감정을 표현해야 한다. 특히 1인 다역을 하면서 각각 인물들의 목소리만 들어도 그림이 그려지게끔 연습을 해 보자. 이러한 연습은 사람들, 혹은 카메라 앞에서 굉장한 흡입력을 주는 포인트로 작용할 것이다.

#5 잔디밭

공간이 학교 잔디밭으로 바뀐다.

남자, 햄릿의 독백을 낭송한다.

남자: 죽느냐 사느냐 그것이 문제로다. 가혹한 운명의 화살이여. 환난의
파도를 이 손으로 막아낼 수 있을까. 죽는다는 것은 잠든다는 것.
잠든다는 것은 꿈꾼다는 것. 내게 꿈꿀 권리가 없다면 세상의 비
난과 조소를 어찌 견뎌낼 수 있을까. 폭군의 횡포, 세도가의 모욕,
사랑의 고통, 무성의한 재판, 관리들의 오만, 세상 곳곳의 악취를
풍기며 썩어 들어가는 부패, 이 더러운 똥통 같은 세상을 어찌 참
아낼 수 있을쏘냐. 한 자루의 단도면 깨끗이 청산할 수 있을 것을

주혁들, 박수

남자: 이게 바로 독백이야. 마음의 말이지. 일상에는 존재하지 않는 말
이지. 마음속에 흐르는 생각을 혼자만의 시공간에서 말하는 것
이 독백이다. 연극의 위대한 이유는 독백이 있기 때문이야. 일
상에서는 한 사람이 긴 시간 동안 말하도록 내버려두지 않는
다. 저마다 자기 말을 하지. 연극만이 한 사람 한 사람의 긴 말들
을…….

- 오세혁 희곡집, 《보도지침》 중에서

222

윤아, 수건을 꾹꾹 누르며 마사지 한다.

윤아, 팩을 꺼내서 발라준다.

윤아: 손님, 피부가 정말 꿀광이시네요.

엄마: ……

윤아: 지금 발라드리는 건요, 주름 없애는 데 특히 효과가 있는 거랍니다.

엄마: 상술은.

윤아: 어머, 아니에요 손님. 이건 상술이 아니라 기술입니다. 어느 화장품 연구원이 일본에 여행을 갔다가, 술을 담그는 장인들의 손에는 주름이 없는 것을 발견한 거예요. 80 먹은 할아버지가 얼굴은 쭈글쭈글해도 손은 10대야, 매끈매끈해. 그래서 왜 그런 걸까? 하고 연구를 했죠. 알고 보니 술 담글 때 나오는 효소 때문이었다는 거예요. 그래서 그 효소를 추출해서 요 크림에다 넣은 거예요. 이제 이걸 이렇게 얼굴에 살-살-살- 바르면 주름이 쫙쫙 펴진다 이 말씀입니다.

엄마: …… 많이 발라주세요.

윤아: 암요, 고객님.

엄마: 우리 때는 화장품으로 주름 없애는 건 상상도 못했는데, 세상은 참 빨리도 변해.

윤아: 그치. 핸드폰 바뀌는 것만 봐도 정신없잖아. (팩 다 바르고) 자, 이러고 3분만 있으세요. 이거 물로 안 닦아 내도 되는 거야. 그대로 흡수할 때까지 기다리고 있으면 돼. 그대로 흡수할 때까지 기다리고 있으면 돼. 인심 썼다. 이건 서프라이즈 선물!

엄마: 새것도 아니고, 쓰던 것 가지고 생색은.

윤아: 우리 매장에서 제일 비싼 거거든요!

윤아, 화장품 정리한다

엄마, 자신이 바른 크림을 들어서 한동안 바라본다.

- 이보람,《소년B가 사는 집》중에서

---

15. 연변에서 온 복길순

외국인 보호소/화성/삼월/오후

수감실 입구.

외국인보호소 글씨와 수감 번호가 찍힌 파란색 추리닝을 입은 사람들이

일렬횡대로 앉아 있다.

하나같이 초췌한 얼굴, 기가 죽은 표정이다.

제복 차림의 하수일, 양 옆구리에 진압봉과 전기충격기를 차고 그들 앞에

서 있다.

하수일: …… 그 후에, 출입국 관리소에서 연락이 오면 곧바로 공항까

지 호송해 드리겠습니다. 그동안 수사에, 조사에, 여기까지 오

시느라 모두들 고생 많으셨습니다.그러면 입감 생활에 대한 안

내는 이것으로 마치도록 하겠습니다. 호명하면 복창과 함께

기립해 주시기 바랍니다. 814번 김정하, 5호실.

김정하: 814번 김정하, 5호실.

하수일: 418번 윤대수, 9호실.

윤대수: 418번 윤대수, 9호실.

하수일: 517번 이하숙, 8호실.

이하숙: 517번 이하숙, 8호실.

하수일: 609번 안민자, 10호실.

안민자: 609번 안민자, 10호실.

하수일: 614번 복길순, 15호실.

복길순: ······

하수일: 614번 복길순.

복길순: ······

하수일: 614번.

복길순: ······

하수일: 614번. 614번!

복길순, 초점이 나간 눈빛으로 주위를 둘러본다.

복길순: 여기가 어딤까? 여기가 한국임까? 여기가 어딤까?

복길순, 피식, 웃는다.

- 김은성, 《연변 엄마》 중에서

준비된 목소리! 낭독의 힘!

처음 연극무대에 배우로 섰을 때 화술로 마음고생을 한 적이 있다. 그 모습을 지켜보던 선배는 신문의 사설 부분을 매일 소리 내서 읽어보라는 조언을 해주었다. 모든 것을 배우고 흡수하던 시절이라 그날부터 신문을 구해 소리 내어 읽었는데 거짓말처럼 중간중간 말을 끄는 버릇이 없어졌다. 그리고 각각의 단어들을 더욱 풍부하게 표현을 하고 있다는 느낌을 받았다.

그것이 낭독의 힘이다. 낭독은 발성의 DNA를 바꾸어 놓을 만큼 강력하다. 낭독을 통해 호흡과 발음 그리고 말의 연출력이 생긴다. 뉴스의 원고를 반복해서 읽다 보면 호흡이 안정되어 목소리가 차분해지고 신뢰감이 생긴다. 희곡을 낭독하다 보면 목소리에 입체감이 생기고 활기를 띤다.

우리는 일상생활에서 제대로 활용하기 위해 지금까지 호흡, 발성, 발음 훈련 등을 했다. 이뿐만 아니라 직장, 면접, 방송, 고객과의 만남 등 실전에서 호감을 주는 좋은 목소리로 말하기 위해서 훈련한 것이다. 상황에 따라 목소리는 달라질 수밖에 없다. 이러한 점을 염두에 두고 낭독을 통해서 실전에서 활용할 수 있도록 훈련해보자.

WEEK THREE

☐ 자기 목소리가 들리는가?

☐ 오랜 시간 발성 및 낭독을 해도 목이 아프지 않은가?

☐ 실전 발음 훈련을 프레젠테이션 등에 적용해보았는가?

☐ 목소리에 리듬감이 있는가?

☐ 자신의 목소리에 감정이 실려 있다고 느끼는가?

☐ 표정과 몸짓을 할 때 목소리가 변화하는 것을 느끼는가?

☐ 긴 문장을 읽을 때도 호흡이 편안한가?

☐ 목소리에 변화가 있다고 생각하는가?

* 1~3개: 다시 3주차 복습하기
* 4~5개: 미흡한 부분만 반복 학습하기
* 6~8개: 통과

코칭 세계에 입문하고 전문 코치로 성장, 보이스코치로 브랜딩을 완성하도록 도와준 《마음을 아는 자가 이긴다》의 저자 김상임 코치께 감사드립니다. 코칭으로 세상을 꽃피우는 블루밍 경영연구소 코치들께도 고마움을 전합니다.

사랑하는 아내 박신영과 존재 그 자체가 축복인 노엘, 다엘 두 아이에게 이 책을 바칩니다.